CHARYTÍN

CHARYTÍN

EL TIEMPO PASA...
¡PERO YO NO!

Prólogo de Gloria Estefan

HarperCollins *Español*

Los libros de HarperCollins Español pueden ser adquiridos para propósitos educativos, empresariales o promocionales. Para más información, envíe un correo electrónico a SPsales@harpercollins.com.

PRIMERA EDICIÓN

Diseñado por THE COSMIC LION

Todas las fotografías son cortesía de la autora a menos que se indique lo contrario.

Este libro ha sido debidamente catalogado en la Biblioteca del Congreso de los Estados Unidos.

ISBN 978-0-06-311735-8

22 23 24 25 26 LBC 6 5 4 3 2

Dedico este libro con todo mi corazón a Dios,
que nunca me ha dejado de hablar claro y fuerte.

A mis ángeles en el cielo:
mi esposo Elín Ortiz y mi madrecita Charito.

Y a mis ángeles en la tierra:
mis hijos Shalim, Álex y Sharinna.

En tiempos de tormenta tenemos que ser más misericordiosos que nunca los unos con los otros. Porque ninguno de nosotros conocemos los reales sufrimientos de los demás.

Hoy es tiempo de comprensión, humildad, entendimiento, ternura, dulzura, honestidad entre todos los seres humanos. Tiempo de sincerarnos sin temor. Y, ¿por qué no?, también es el momento para gozar y reírnos de nuestros errores y poder gritar: ¡que nos quiten lo bailao! Porque yo, como tú, he bailao y sigo bailando en esta vida colmada de dichas, tristezas y bendiciones.

Y pido a Dios, con este libro, poder brindar un poco de fortaleza, fe y espíritu de lucha a quien lo lea. Que mi historia sirva para reír y llorar juntos y unirnos más. ¡Así sea!

Con todo mi amor,
Charytín

CONTENIDO

MI AMIGA, MARÍA DEL ROSARIO

Gloria Estefan

Conozcan a María del Rosario Goico Rodríguez, mi amiga.

Puedo contar con una mano las personas que, a través de mi vida, han dejado una impresión tan impactante como la que logró Charytín Goico cuando tuve la dicha de conocerla al comienzo de los años ochenta. La carrera de Miami Sound Machine estaba en sus comienzos y nos habían invitado a Puerto Rico para promover nuestro más reciente tema musical que estaba teniendo mucho éxito en Latinoamérica y especialmente en la Isla del Encanto.

En ese momento Charytín era la estrella de su propio programa, *El show de Charytín,* en el Canal 4 WAPA-TV. Era uno de los *shows* más importantes de la televisión boricua, y yo estaba muy nerviosa porque era uno de los primeros programas de televisión que grabaríamos y Charytín nos iba a entrevistar personalmente.

Yo ya conocía unas cuantas cosas sobre su vida y estaba maravillada al ver lo que ya había logrado. Charytín había disfrutado de un éxito extraordinario a nivel internacional habiendo representado a su país natal, República Dominicana, en el Festival de la OTI en el año 1974 con la canción «Alexandra», tema que se convirtió en emblema para ella. A mí me encantaba su tema «Mosquita muerta», basado en un personaje que ella representaba en su *show*. En esa época ya se había consagrado también como actriz de cine y había grabado varios discos. Yo estaba muy impresionada que la iba a conocer en persona.

Lo que no me esperaba era encontrarme con semejantes ráfagas del huracán de energía, alegría y talento que entró por las puertas de ese estudio. Volando hacia mí venía una mujer alta, esbelta, con su pelo rubio y vestuario impresionante, con sus brazos abiertos y hablándome como si me hubiese conocido por toda la vida. Inmediatamente me comentó lo mucho que le gustaban nuestros temas, lo feliz que se sentía que estábamos ahí, con ella, y comenzó a hacernos reír con sus graciosas ocurrencias. Me relajé rápidamente y sentí que había acabado de conocer a una nueva amiga.

Nuestra conversación nos llevó a descubrir que ambas teníamos raíces asturianas por parte de madre y le dije que quizás de ahí le venía el «salero» que la caracterizaba. Grabamos el *show*, nos hizo la entrevista y quedé sumamente impresionada de haber conocido a una de las personas más famosas en el mundo del entretenimiento latino y que, al mismo tiempo, era un gran ejemplo de humildad y sencillez.

A través de los años he tenido la dicha de conocer más profundamente a esta extraordinaria mujer con la cual tengo muchos lazos en común que nos unen. Uno de ellos es el amor profundo que compartió con su único esposo Elín, quien, como mi esposo Emilio, fue su representante, fiel admirador y padre de sus hijos.

En 2001 Emilio tuvo el privilegio de producir el primer disco del primogénito de Charytín y Elín, Shalim Ortiz. La confianza que Chary puso en nosotros para guiar los primeros pasos musicales de su hijo nos dio la oportunidad de compartir más tiempo juntos y atar más esos lazos que ya nos unían.

Para mí, Charytín es el vivo ejemplo de todo lo que puede lograr una mujer con trabajo, dedicación y amor, sin sacrificar su vida personal. Ella ha sabido mantener un exquisito balance entre su vida profesional y privada que la ha llevado al éxito en todas las facetas de su vida. Y, aunque ha acumulado décadas de carrera, cada proyecto le sigue inyectando la misma energía y profesionalismo que la llevó al éxito y que la hace única en el ámbito. Chary comparte su tiempo con un sinfín de causas importantes diciendo presente cada vez que se le pide su ayuda y, a través de los años, sigue siendo un ejemplo de talento, belleza y elegancia que no tiene competencia.

Me siento realmente honrada de llamarla amiga y estoy segura de que van a disfrutar muchísimo el poder conocer más profundamente a María del Rosario Goico Rodríguez, mejor conocida como la gran CHARYTÍN.

CHARYTÍN

INTRODUCCIÓN

«Ma, ¿cómo vas con el libro?», me pregunta cada semana Shary, quien siempre se ha comportado más como mi mamá que como mi hija. «Coño, la vida me ha resultado más fácil vivirla que escribirla», le respondo en una de nuestras constantes llamadas de teléfono.

Y aquí estoy yo, que no me puedo estar quieta ni un minuto, sentada en una silla, intentando recordar lo que la memoria y el corazón tal vez quisieron borrar.

Isabel Allende dijo en una entrevista: «Uno viene al mundo a perderlo todo. Mientras más uno vive, más pierde». Yo no he pasado por algunas de las grandes tragedias que le ha tocado enfrentar a esta gran escritora. En ese sentido he sido un poco más afortunada. Pero comprendo sus palabras perfectamente. He vivido lo suficiente para saber cuánto perdemos en el camino y a la vez cuánto ganamos, en un incesante ir y venir, sumar y restar, subir y bajar.

Por eso, a estas sabias palabras de esta admiradísima mujer, mi alma irremediablemente caribeña añadiría, como dije al principio: «Uno viene al mundo a perderlo todo, pero ¡que me quiten lo bailao!». La misma Isabel nos dice: «No se puede vivir con temor, porque te hace imaginar lo que todavía no ha pasado y sufres el doble». ¡Enorme verdad! Ella es la reina de vivir en el presente, algo que yo también aprendí a hacer desde chiquitica por puro instinto de supervivencia. Tanto he vivido y vivo en el presente que por eso me cuesta trabajo escribir este libro plagado de bellos recuerdos, pasajes amargos, capítulos cerrados, sonadas rivalidades, funerales, premoniciones, tremendas metidas de pata y poderosos huracanes. Tormentas tropicales de esas que arrasan con todo para luego dejar florecer nuevas ilusiones en los lugares más inesperados.

Soy dominicana. Los huracanes no me dan temor. Son el modo de vida de mi gente, de mi pueblo. Nosotros, los isleños, miramos al cielo sin miedo y vemos la fuerza de Dios asomar por el horizonte. Sabemos la que va a caer y sabemos que, por mucho que nos preparemos, habrá cosas, casas, lugares y gente que ya no estarán cuando pase el gran diluvio. Sabemos que el sol volverá a brillar y que los que quedemos en pie volveremos a bailar, a gozar, a abrazarnos y a amarnos hasta que llegue el próximo ciclón.

Así siento que ha sido toda mi vida: un huracán, un torbellino, un tsunami arrasador que siempre me ha traído grandes alegrías; también me las ha quitado, para volverme a traer más en este incesante vaivén de las olas. ¡O tal vez el huracán soy yo! Porque allá donde voy, me dicen que siempre se arma un revolú.

Hoy, en los supuestos finales de esta pandemia que a todos nos sorprendió y nos golpeó, he regresado a mi tierra natal con todos mis dramas y pasiones que siempre vivo al máximo. Yo decidí que mi confinamiento fuera allí, en mi viejo y bello Santo Domingo, hasta que amainara el temporal y pudiéramos volver a salir de nuestros refugios y volver a vivir.

En este extraño encierro que todos vivimos, huracán Charytín no pudo bailar, actuar, viajar, hacer y deshacer. ¡Es la primera vez en toda mi vida que no pude trabajar! No tuve citas ni llamadas que contestar ni guiones que revisar. Resignada, me senté a hacer mi tarea de recordar y comenzar a escribir, como niña buena, mirando desde mi ventana ese inmenso mar azul donde empezó toda mi odisea.

En un círculo perfecto, el destino me trajo hasta mi bella isla. La hija pródiga regresó al hogar. El alma gitana volvió a su origen para hacer recuento de lo ganado y de lo perdido después de tanto caminar. ¡Y me siento millonaria! Porque he perdido tanto en el pasado, que soy rica en mi presente. He perdido joyas, millones, casas, amistades, seres queridos, sueños, trabajos y oportunidades. Perder es la lección más grande que puedes tener, porque nunca te quedas con las manos vacías. Las enseñanzas que vas ganando y las memorias que vas forjando valen su peso en oro. Además, por cada cosa que pierdes, llega otra. Dios siempre te envía algo nuevo por lo que soñar y seguir luchando. Por eso, ¡yo soy más billonaria que el señor Bezos!

Mi vida no ha estado plagada de grandes escándalos ni de grandes tragedias mediáticas, pero te aseguro que detrás de mi *lipstick* rojo perfectamente delineado y mi cabello siempre de peluquería, tengo varias lecciones de vida que compartir con mucha humildad. Detrás de esta «mosquita muerta», hay tela de donde cortar y aunque siempre dije que lo mío es la sencillez, la cosas se me complicaron solas en más de una ocasión. ¡O las compliqué yo! Porque no hay mujer que no haya metido la pata hasta el fondo, que no haya reído y llorado, que no haya sufrido verdadero dolor y que no se haya arrodillado ante Dios.

De hecho, mi historia comienza con algo tan doloroso como un secreto de familia. Algo a medio contar que marcaría mi vida para siempre y que tendría por decorado ese mismo azul de mar dominicano. Un mar que siempre luce en calma, hasta el próximo huracán...

VACACIONES EN EL CARIBE

En ese barco en alta mar, mi vida iba a cambiar para siempre y yo ni siquiera lo presentía. A mí me dijeron que íbamos tres meses de vacaciones al Caribe, donde mi abuela tenía varios negocios. Al final del verano regresaríamos a Madrid: mi casa, mi lugar, donde me esperaba mi mundo. El único hogar que yo recordaba desde que tenía uso de razón.

Corría el año 1959 y por aquellos tiempos la travesía por alta mar duraba un mes. Zarpamos del histórico puerto de Cádiz, en medio de un calor insoportable. Conmigo y con mi madre venían mi tía Laurina con sus cuatro hijos, mi tía abuela Pilar, hermana solterona de mi abuela, y mi abuela Laura, la matriarca de esta familia de mujeres fuertes y unidas.

En ese enorme buque de pasajeros, mamá me vistió cada día como una reina, con un traje diferente, porque yo era, por aquel entonces, su única hija y su muñeca. Si treinta días duraba la travesía, treinta vestiditos empacó en un baúl, todos para mí. Recuerdo también el bolso de mano que ella cargaba a todas horas y en el que guardaba con mucho celo nuestros pasaportes sellados con el escudo del águila. ¡No fueran a perderse o, peor aún, no fueran a robárselos! Me gustaba ver mi fotografía en blanco y negro pegada a ese valioso documento. Esa era yo: española de pasaporte y de tradición. En aquella España de los cincuenta, conservadora y anclada en tradiciones, yo era y me sentía más ibérica que Lola Flores. A mis tiernos años, cantaba tonadillas y bailaba a la perfección las recatadas jotas que las monjas me enseñaban en la escuela, aunque las atrevidas y coquetas sevillanas eran mi especialidad.

Recuerdo que en Madrid los niños me preguntaban: «¿Tienes papá?». A lo cual les respondía que no. Yo solo sabía vagamente que había nacido en un lugar lejano al otro lado del mar, pero que yo era española, hija de mi madre asturiana y nieta de abuelos asturianos.

Vivía con mi tía, mi abuela, mi tía abuela y mi madre en un mundo sin hombres, donde las mujeres ocupaban todos los espacios de nuestras vidas en ese enorme piso madrileño de la calle Diego de León, número 52, donde nadie hablaba de padres, solo de abuelos.

El abuelo Manolo había fallecido antes de que yo naciera y fue quien hizo una fortuna en República Dominicana cuando escaparon todos de la guerra civil décadas antes. Aunque el respetado Manolo había pasado a mejor vida años atrás, su recuerdo permanecía muy vivo y muy presente en nuestra casa a través de antiguas fotos enmarcadas, historias, oraciones y las incesantes conversaciones de mi abuela Laura.

Pero fue en alta mar, en medio de ese viaje entre las olas agitadas del Atlántico, cuando supe la verdad: había otro hombre en mi vida y pronto lo iba a conocer. Se me iba a revelar una doble verdad, un doble secreto que cambiaría mi destino, para bien y para mal. Porque, gracias a este hombre, yo iba a enfrentar grandes cambios, momentos difíciles, para luego encontrar mi verdadera vocación y el gran amor de mi vida.

—Hija, ¿te acuerda que una vez hablaste de pequeñita con un señor que se llamaba Salvador en Santo Domingo? Tú eras muy bebita —me preguntó mi madre a los pocos días de haber iniciado la travesía.

—Sí —le respondí confusa, perdida en mis pocos recuerdos, entre los que veía una imagen de un hombre alto, serio y de temperamento fuerte.

—Mira Chary, mi amor, ese señor es tu padre y nos espera al llegar a la isla.

El resto del viaje, mientras mi madre me vestía de princesita cada mañana asegurándose de que no repetía atuendo, mi cabeza giraba como loca pensando: ¿quién era aquel señor del que mami me hablaba? y ¿qué iba a pasar con nosotras durante las vacaciones?

La bocina perezosa del barco nos alertó de que ya se avistaban las costas de la isla. Llevábamos horas impacientes en cubierta, esperando ver esa rayita prometida en el horizonte. Nos apresuramos a recoger y empacar los últimos juguetes y zapaticos para ser las primeras en formarnos junto al puente levadizo. Conforme el enorme barco se acercaba al puerto, el ojo alcanzaba a ver más colores, más imágenes de ese otro mundo en el que me contaban que yo ya había estado, pero no podía recordar claramente. Me llamaron la atención las altas palmeras, las casas de colores y el hormiguero de gente que iba y venía, ruidosa y alegre, por todo el paseo marítimo. ¡Todo era tan diferente a ese Madrid gris y solemne que habíamos dejado atrás! Mi Madrid, donde las señoras vestían de negro y las niñas de recatado *beige*.

—Aquél es él —me señaló mi madre con un gesto apenas pusimos pie en tierra—; ése que está ahí es tu papá.

Entre la agitada multitud, que se abrazaba y saludaba con entusiasmo, alcancé a ver un señor con bigote elegante, alto, delgado, de cabello oscuro, ojos penetrantes, vestido de un blanco inmaculado con camisa y pantalones perfectamente planchados y un sombrero ladeado. ¡Como actor de Hollywood! Me impresionó. No puedo explicar qué sentí más allá de ese instante porque simplemente me quedé congelada y muda.

—Hola papi —logré decirle con ingenuidad, venciendo el *shock* en el que me encontraba.

—Dígame padre, eso de papi es cosa de putas —me respondió sin inclinarse ni acercarse un milímetro—. A mí dígame padre o papá.

—Salvador, caramba... —le reprochó mi madre con más cara de resignación que de sorpresa—, no le hables así a la niña.

Esta fue la primera de las miles de veces que vería a mi madre interceder por nosotras y protegernos. Y, con ese saludo imposible de olvidar, dio inicio mi odisea, mi destino, mi verdadero camino en este mundo. Un camino de ida y no de vuelta, porque ya nunca regresaríamos a vivir a España.

Mientras los empleados de los negocios de mi abuela cargaban maletas y bultos hacia la casa donde nos íbamos a hospedar, yo me dediqué a mirar todo a mi alrededor, intentando comprender lo que sucedía y lo que hablaban los mayores en secreto para que los niños no entendiéramos.

Esa noche, sentada sobre mi baúl cargado de vestidos y asomada por los enormes ventanales de esa casa en Santo Domingo, continué observando la nueva tierra distinta, exótica, loca, colorida, caótica, que tanto me atraía. En un segundo, y sin poder explicar cómo, desapareció un pequeño dolor que había empezado en mi pecho durante los días en el barco. De repente, esa tierra que veía bajo la luz de la luna se convirtió en completamente mía. Sin palabras, sin explicaciones de los mayores. Ya no eran necesarias.

Yo, María del Rosario Goico Rodríguez, ni sería española ni sería monja ni tendría una vida tranquila y sosegada bordando manteles en aquel piso enorme de Madrid. Tampoco bailaría jotas ni me casaría con un contable del barrio de Salamanca. Mi vida se iba a llenar de frutas exóticas, dramas exagerados, tambores y vestidos despampanantes; mi futuro me esperaba repleto de música, escenarios y de un gran amor de esos que solo la muerte separa, en contra de todo pronóstico.

2

VIVAN LOS NOVIOS

—Los balcones de estas casas me resultan familiares —le dije por sorpresa a mi tía Laurina. Desde mi llegada a mi nuevo mundo yo no cesaba de recorrer rincones que me resultaban extrañamente conocidos y desconocidos a la vez.

—Ay, mi niña, ni lo digas— me contestó espantada mientras se persignaba.

Entonces, de golpe, en medio de esas calles con bellos balcones cerca de la casa señorial de la avenida Bolívar esquina Doctor Delgado, donde habíamos regresado después de tantos años, me asaltó mi primera memoria de aquella otra infancia enterrada en secretos y baúles. Lo podía ver claramente, nítido, como una película a todo color. Era mi padre, don Salvador, brincando de balcón en balcón hacia un tercer piso donde habitaba con mi mamá. Yo estaba en medio de la estancia, dentro de mi cuna, y mi nana Mariquín intentaba ponerme un lazo en mi cabeza todavía medio pelona. ¡Yo no tenía más de año y medio! ¿Cómo podía acordarme? ¿Y qué hacía ese hombre, mi padre, entrando por la ventana como ladrón? Mi mamá no estaba en casa. Recuerdo que Mariquín me sujetó fuertemente en lo que mi papá me arrebataba de sus brazos. La nana comenzó a gritar desesperadamente. Don

Salvador miró hacia el balcón, vio que era imposible regresar por donde había venido con una niña en brazos y dirigió sus enormes zancadas hacia el largo pasillo y las escaleras. Recuerdo perfectamente su olor a alcohol y su respiración agitada mientras yo rebotaba en sus brazos con cada escalón. Volando, y ante la mirada atónita de vecinos que salieron al oír los gritos, alcanzó la calle y no dejó de correr hasta llegar a un lugar que recuerdo oscuro. Aunque era de día, ese lugar permanecía con las cortinas cerradas y poca ventilación. Había música que provenía de una vieja vellonera y un grupo de alegres mujeres me recibió con mucho cariño.

—Me la cuidan hasta que yo vuelva— les ordenó mi padre muy serio y desapareció por donde habíamos venido.

A mí no me lo contaron. Yo lo viví. Era un bar de prostitutas. Las mujeres me cuidaron dos o tres días, hasta que don Salvador regresó con aires de derrota, me volvió a cargar en sus brazos fuertes y me regresó a casa de mi abuela. En la entrada, doña Laura me agarró y esa puerta se cerró con gran estruendo y sin cruzar palabra. Dentro, nos esperaban enormes baúles y maletas de color café. Los cuartos estaban vacíos. La sala lucía sin flores ni cuadros. En pocas horas nos esperaba un barco enorme con rumbo hacia el viejo continente.

Resulta que mi padre me había raptado. Me contaron que mi madre se volvió loca. No sé si llamaron a la policía o mi padre atendió a sus llantos y ruegos y decidió entrar en razón y devolverme al seno materno. Mi abuela, asustada y temiendo lo siguiente que pudiera hacer mi padre, había planeado la partida a España en menos de veinticuatro horas. O tal vez ya lo tenían programado y mi padre por eso me robó. Nunca nadie me lo aclaró.

Con los años, mi mamá me contaría el resto de la historia que completaba tan tremendo recuerdo. Mi madre acababa de perder un bebé. Lo perdió casi a los nueve meses de embarazo, lo tuvo que parir muerto y lo enterraron sin decir palabra ni dar explicación a nadie. Ese bebé era el sueño de mi padre, creemos que fue varón, pero nunca nos lo revelaron, sumándole así más intensidad al doloroso secreto. Dicen que el respetado y recto juez también enloqueció del dolor y se agarró de la botella. Dicen que, en su delirio, culpó a mi madre de tan horrenda pérdida, ¡que el bebé nació muerto porque ella caminaba en tacones!

Ante semejante tragedia, mi madre no vio otra solución más que el divorcio. Ella misma se encargó de todo el papeleo. María del Rosario Rodríguez de Goico era una mujer muy avanzada para su época. Estudió Leyes y se graduó *magna cum laude* de abogada en la Universidad Autónoma de Santo Domingo. Mientras, mi padre, quien estudió la carrera junto a mi madre, llegó a ser juez. La joven abogada de buena familia y el respetado juez formaron la pareja perfecta... o no tan perfecta.

El ilustre don Salvador había perdido a su hijo y ahora acababa de perder a su adorada esposa Charito. ¿Qué más? El hombre, ahogado en copas de ron, sospechó que también me iba a perder a mí, su única hija. Le llegaron rumores de que «las españolas» planeaban la retirada hacia la Madre Patria. Creo que por eso me robó en esa tarde de los balcones, aunque no me consta. Quiero creer que fue un robo por amor, porque Salvador Goico Morel nunca supo demostrar el amor de otra manera. Esto también me tomaría largos años descubrirlo.

Sea como sea, fue mi abuela quien decidió que en esta historia de novela había que poner agua de por medio. ¡Mucha agua y tierra! Y don Salvador no pudo evitarlo.

Así fue como yo aprendí a hablar en España, a caminar en España, pero mis primeros recuerdos se forjaron en la isla de manera inexplicable. Insisto, la escena del balcón y del prostíbulo nadie me la tuvo que contar. Muchos años después, ya siendo adulta, me reencontraría con mi queridísima Mariquín y sería ella quien me confirmaría que mis memorias de ese día eran todas reales. Hay quienes creen que se lo escuché contar a mis tías y yo me apropié del recuerdo. ¡Imposible! Cierro los ojos y puedo ver cómo las mujeres de aquel bar me cantaban y me consentían, en espera de noticias de mi padre.

Ahora, a tres meses de nuestro regreso a estos escenarios dominicanos, me enteraba de más cosas: que mis papás, quienes llevaban más de una década divorciados, me guardaban una sorpresa.

—Mira mi amor, tu papá y yo nos vamos a volver a casar —me anunció mi madre sin mucha algarabía.

Esas simples palabras fueron un abatimiento muy grande para mí. No me sentía alegre. Algo me decía que en este casamiento no se podría decir aquello de «y fueron felices para siempre».

—¿Estás contenta? ¿Te gusta el vestido? Es sencillo, pero perfecto para la ocasión. Blanco pero corto. —Mi mamá, a pesar de que se volvía a casar con el amor de su vida, no me hizo la pregunta con mucho júbilo.

Yo me moría de ganas de reclamarle: «¿por qué tú volviste con él? ¿Por qué, por qué?». Pero en esos años no podía hacer preguntas indiscretas, yo era una mocosa y sólo quería ver a mi madre feliz. No quería hacerle comentarios que la preocuparan. Por dentro y en secreto, yo le tenía temor a ese señor que ahora sería mi papá oficialmente y sabía que mi mamá también le temía. Los ojos no mienten, por muy ciegos de amor que estén. Mi santa madre tardaría años en dejarme a solas con don Salvador, siempre con el Jesús en la boca, pensando en la explosiva escena del balcón. Tal parecía que yo no era la única en recordarla.

A la única persona que me atreví a confesarle mis preocupaciones fue a mi abuela.

—Abuelita, se están casando mis padres, yo no debería estar aquí todavía, los niños vienen después de las bodas —bromeé intentando hacer un chiste de camino a la pequeña y discreta ceremonia, pero mi abuela no sonrió.

—Chary, ésta es su segunda boda, la primera fue muy bonita y fue ahí donde te encargaron a ti a la cigüeña —me calmó doña Laura muy consciente de que su nieta no era feliz.

Ese día no hubo grandes preparativos. De hecho, no hubo ni fiesta. Fuimos un pequeño grupo a las dependencias del juzgado y allá los novios estamparon sus firmas de nuevo en un frío papel legal. Se casaron sólo por lo civil, porque técnicamente, seguían *casadísimos* por la Iglesia. «Se casa Charito, hmmm», comentaban algunos de nuestros familiares con cara de resignación la tarde anterior.

Al final del señalado día, mi abuela no se pudo callar y comentó en voz alta:

—Espero en Dios que no pase ninguna desgracia.

Todos nos miramos y nadie contestó. Así de directa era doña Laura Martínez Hevia. Una asturiana diminuta, bonita, entrada en años. Parecía que siempre fue anciana. Vestía con trajes muy conservadores, siempre de los mismos tonos negros y grises, en ese eterno luto en el que vivía desde que mi abuelo falleció. Como era diabética, llevaba mucho control sobre su comida y ella misma se inyectaba insulina a diario. Jamás la vi despeinada. Su cabello corto de peluquería siempre lucía perfectamente medio ondulado. ¡Para que me pregunten a quién salí yo! Doña Laura enviudó a los cincuenta y nunca más se volvió a casar. A la viuda fuerte y valiente, ver a su hija sufrir por un amor la consumía, aunque rara vez lo demostraba.

—¿Así que ya no vamos a volver a España? —le pregunté a doña Laura, aunque ya sabía la respuesta.

—No, Charytín, mejor que ya lo sepas; ya se casaron y aquí nos quedamos todas. Lo siento, mi niña, cada cual busca su destino y tu madre ya se lo buscó —mi abuela volvió a pecar de sincera.

Yo no entendería a mi madre ni por qué hizo lo que hizo hasta que fui mayor. De niños no alcanzamos a comprender lo complicadas que son las historias de amor entre adultos. Y en todo este drama sin final, había mucho amor. Charito y Salvador se amaban, y jamás se dejarían de amar, aunque el precio a pagar fuera tan alto.

Esa tarde ardiente de verano, al salir del juzgado, la gente echaba arroz a la feliz pareja para colmarlos de buenos deseos. Yo aventaba los puñados hacia los lados, muy altos, hacia el cielo. No quería que les cayeran a los novios. Luego, me quedaba mirando los miles de granitos blancos rebotando por las escaleras de piedra del juzgado y pensaba: «¿Y mañana quién barrerá todo esto? Alguien se puede resbalar...». Quedaba claro que yo no quería estar ahí.

De niños no sabemos mucho de amores, pero sí de corazones. Y mi corazón me decía que me preparara, porque en esta isla mágica llena de sol y alegría que a la vez tanto me atraía, nos iba a caer más de un chaparrón.

3

DE CAMINO AL INFIERNO

Éste es un capítulo que no va a ser fácil escribir. Uno de esos episodios de nuestras vidas que todos tenemos y que nunca contamos por pudor, por proteger a nuestros seres queridos o porque callando creemos que podemos actuar como que nunca sucedieron. Y éste lo callé y lo enterré durante toda mi vida. Sólo mis hijos y mis hermanas conocen un poco de lo que aquí me dispongo a narrar.

Espero que el resto de mi amada familia no se disguste, pero lo tengo que contar. Si no, es imposible comprender mi personaje en toda esta historia, mis miedos, mis temores o mi manera de ser. Siento que este es el momento, este es el lugar para sincerarme y dejar volar este secreto que durante décadas guardamos en casa en lo más profundo de un cajón. Porque contar la verdad no es dejar de amar, y jamás dejé de amar a ninguno de los personajes que acá menciono, aunque a algunos me costó más aprender a querer que a otros.

—¡Bájate! —la voz de mi padre era rotunda, no sé si con ira o con total frialdad—. Te bajas aquí mismo.

Era de noche, viajábamos por la larga y oscura carretera que unía Santo Domingo con El Seibo. Yo iba en el asiento trasero, mi padre al volante y mi madre, asustada, se apretujaba en el asiento delantero. Después de la boda, a mi padre le dieron el puesto de juez de paz en este pueblo a dos horas al este de la capital. Fue así como terminamos mudándonos a esta región. Santa Cruz del Seibo era el lugar donde residía la familia de mi padre, gente muy querida y respetada por los vecinos.

—¡He dicho que te bajes! —volvió a insistir mi padre en medio de aquella carretera desierta, sin carros ni casas a la vista.

Mi madre, sin decir una palabra más, abrió la puerta y se bajó con la cara en alto, con su abrigo perfectamente doblado sobre su brazo y su bolso al hombro. Con toda la dignidad que pudo, sin derramar una sola lágrima y evitando mirarme a los ojos, se quedó paralizada sobre el asfalto, viendo cómo las luces de nuestro carro se alejaban y se la tragaba la noche.

Mis padres llevaban una hora de camino discutiendo a gritos, como ya era costumbre. Mi madre, por muy bravo que se pusiera el hombre, no cedía, no se callaba y el ambiente en ese carro estaba que ardía. La verdad es que ya no recuerdo por qué peleaban en esa ocasión, porque peleaban por todo, aunque casi siempre era por celos. Mi mamá era una española chiquitica muy guapa de pelo negro azabache y piel muy blanca. Se movía con tanta clase y tanta seguridad que llamaba la atención. Era una mujer diferente, con una personalidad muy linda. Vestía tan elegante que no había hombre ni mujer que no volteara a verla. Ésto volvía loco a mi padre, quien desataba todo su furor contra ella.

Esa noche, la locura de los celos llegó a un punto en el que mi padre pisó el freno y decidió que la solución a sus corajes era dejar a mi pobre madre sola en medio de la nada a las dos de la madrugada. La bajó del carro y le pisó al acelerador sin remordimiento.

Por los próximo sesenta minutos yo no me atreví ni a respirar, hasta que mi papá, cuando casi llegábamos a la casa a las afueras de Santa Cruz, me preguntó:

—¿Tú cómo te sientes?

—Papá, —me armé de valor y me dispuse a enfrentarlo—, mamá debe de tener mucho miedo; allá está muy oscuro, allá no había ni siquiera luces de la calle, le puede pasar una desgracia.

Las lágrimas me impidieron continuar. Yo temblaba de pies a cabeza, pensando en lo que le podría pasar a mi madre sola en medio de aquel paraje. Mi padre dio la vuelta y manejamos otra media hora de regreso en silencio, hasta que las luces del carro alumbraron a mi madre que venía caminando a buen ritmo por la orilla contraria. ¡Nunca olvidaré esa imagen! Mi adorada mamá pisaba con paso firme, con sus tacos altos, como toda una dama. Doña Charito era una mujer de acción y no se había quedado a llorar donde mi padre la dejó. Ella estaba dispuesta a llegar al próximo pueblo como fuera.

—Móntate —le dijo mi padre por la ventanilla.

Estoy casi segura de que mi mamá se subió a ese carro por mí, por temor a dejarme sola. Se tragó su orgullo y sus propios miedos y se sentó junto a mi padre sin decir palabra. Al llegar a la casa, se metió en mi cuarto y se acostó conmigo, en mi cama. No hablamos nada sobre lo sucedido, ni tampoco pegamos ojo. Ni mi madre ni yo pudimos conciliar el sueño, las dos abrazadas mirando a la puerta, esperando a que mi padre entrara a continuar con el drama. Gracias a Dios nunca entró. Así eran todas estas escenas. Nunca se resolvían, nunca terminaban, como en teleseries de terror: *to be continued*...

A la mañana siguiente del terrible capítulo de la carretera oscura, cuando vi los tacos de mami arañados y rotos junto a mi cama, lloré. Lloré porque yo sabía lo que significaban esos tacones altos para esta mujer diminuta: su orgullo, su dignidad, su manera de decirle al mundo que ella importaba, que ella podía y que a ella se la debía respetar.

A los pocos meses, otra escena extraña vino a quitarme el sueño. Esta vez fue en la enorme cocina de aquella casa. Yo llegué de la escuela a la hora de siempre y me encontré sangre en el suelo, mucha sangre. Sangre por la mesa y sangre empapada en un trapo blanco.

—Tu mamá se cortó un dedo y la llevaron al hospital —me mintió la señora que se encargaba de la limpieza.

No me gustó cómo me lo dijo, mucho menos le creí. ¡Era demasiada sangre! Pasé la tarde mortificada sin tener a nadie a quien preguntarle ni confesarle mis ansias y temores. ¡Y mi tía, mi abuela y mis primos tan lejos en la ciudad!

Era muy noche cuando mis padres regresaron muy callados y se fueron a su cuarto. A la mañana siguiente, mami tenía sus diez dedos sanos y perfectos, sin huella de vendas o de cortes. Nunca supe qué pasó y realmente no quise saber. Tan solo me preparé para el próximo episodio, que no tardaría en suceder.

4

LA NIÑA RARA

«Mira que esta niña es rara», se quejaba mi padre cuando veía que yo me escondía detrás de mi madre para evitar saludarlo por las mañanas.

Don Salvador parecía no darse cuenta de que su actitud en casa no ayudaba y que tendrían que pasar muchos años para poder acercarnos. A las interminables peleas con mamá le teníamos que sumar algo más, algo con lo que yo nací y que me acompaña hasta el día de hoy: soy una niña rara. Tan rara que ni yo me entiendo a veces.

Soy tan tímida como extrovertida, tan moderna como clásica o conservadora, tan chistosa como llorona. Será por ser tan extremista y dramática que siempre he sufrido de ese otro mal que a muchos nos afecta: el de no encajar en ningún lado. Por dentro, somos los eternos seres raros, aunque por fuera se nos vea movernos cómodos y felices, como peces en el agua. Como dicen, la procesión va por dentro.

Por aquellos años, en el colegio Virgen del Rosario donde me inscribieron para cursar séptimo grado en El Seibo, yo tampoco terminaba de encajar con las demás niñas. Afortunadamente, en mi casa, pronto contaría con nuevas aliadas, con dos personitas que nunca me juzgarían y que hasta el día de hoy están de mi lado:

mis dos hermanitas, Isabel Laura y Mari Pili. Sus nacimientos me hicieron inmensamente feliz, una vez que superé los celos tontos que toda primogénita padece alguna vez en su vida.

Con cada embarazo, mi madre iba a dar a luz a Santo Domingo. Del primer viaje regresó con mi hermanita Isabel Laura en brazos. ¡Qué gran dicha! Me invadió una enorme alegría. Lo único que me molestó fue que Isabel Laura se adelantó, mi madre se cayó durante un terremoto y del susto entró en parto antes de lo esperado. Mi bella hermana llegó a este mundo un 23 de mayo a las seis de la mañana en la clínica del doctor Cohen. ¡Ése es mi día de cumpleaños, mi hora y mi clínica! ¿Coincidencias? Sólo Dios sabe. Yo sólo supe que desde ese año me tocó compartir bizcocho de cumpleaños y fiesta.

Exactamente doce meses después, el pastel se dividió todavía más. En este segundo viaje a la capital, mi madre regresó con Mari Pili envuelta en una mantita rosa. ¡Tan bonita y tan chiquita!

—Ahora te tienes que comportar, Charytín —me decían las monjas en el colegio cuando me veían llegar con enormes flores en la cabeza o con una falda larga hasta los pies—. Tienes que darles buen ejemplo a tus hermanitas.

Tardaría años en comprender que yo no había nacido para encajar en ningún sitio ni para ser la hermana modelo. Hasta el día de hoy, soy la que nunca pasa desapercibida, la que llama la atención, aunque en el fondo quiera camuflajearme con las paredes. ¡No lo puedo evitar!

Yo siempre era demasiado alta, demasiado rubia o demasiado flaca; demasiado parlanchina o demasiado callada. En España, demasiado caribeña, en el Caribe, demasiado castiza. ¡Así me he pasado la vida, siempre siendo «demasiado»! Lo reconozco y creo que dejó de molestarme hace muchos años: yo soy *too much*, como me dicen mis hijos.

Siempre he sido una persona excéntrica, como aquella vez que a mis cuatro años de edad vi una foto de Veronica Lake, la gran artista de Hollywood, con la mitad del rostro cubierto por su lacia y larga melena. Yo decidí peinarme así para ir a la fiesta de una amiguita. ¡A qué niña de esa edad se le ocurre ir con un ojo completamente tapado por la calle!

—¡No, por favor! —le rogaba a mi tía Laurina—, no me lo quites. Deja mi pelo así, como la señora de la foto.

A mis doce años, en El Seibo, mis excentricidades continuaban siendo muchas y muy coloridas, para espanto de las maestras, de las monjas, de mi padre y de algún que otro familiar que no podía comprender por qué yo salía corriendo cada vez que cantaban el *happy birthday*. Sin esperar el final, me iba y me escondía en otra habitación a llorar. Esa canción siempre me ha puesto muy triste. Hasta el día de hoy me produce llanto. Siento que se acaba la fiesta, que reparten el bizcocho, todos se van y se termina lo bueno.

Si buscas los sinónimos de raro en el diccionario, la lista de palabras que aparecen son: extraño, estrafalario, inusitado, extravagante, excéntrico y estrambótico. ¡Pareciera que me estuvieran describiendo a mí de pies a cabeza! Creo que todo artista nace así, con lo raro a cuestas, porque hay que nacer medio zafado para subirse a un escenario. Y yo nací zafada y nadie lo podía negar.

—Charytín, mi vida, tú tienes un don... no lo ocultes —me decían todos en mi casa cada vez que me escuchaban cantar.

Canto desde que tengo uso de razón. Me cuentan que empecé a cantar incluso antes de hablar. Que ya les tarareaba canciones de moda a la tripulación de aquel enorme barco que me llevó lejos de mi padre a mis escasos dieciocho meses de vida. Y entre canción y canción, les recitaba una letanía de insultos y maldiciones de muy mal gusto: «hijo de la gran puta, cabrón, maricón, pendejo...».

¡Me llenaba de una extraña satisfacción al verlos explotar en carcajadas! Mi alma de comediante también era innegable. Podía pasar del llanto a las risas en menos de tres segundos. ¡Todo lo vivía (y lo vivo) con exageración!

Fue en esos primeros meses tristes en El Seibo, donde comencé a componer mis propias canciones y a cantarlas más en serio. Canciones llenas de nostalgia y pena. Al principio las repetía una y mil veces para que no se me olvidaran, luego me compraron una grabadorita y fui feliz dándole al REC a todas horas. Una vez ensayadas, las cantaba en los cumpleaños y los invitados, sorprendidos por tanta tristeza en plena fiesta, en lugar de aplaudirme, le decían a mi madre:

—Oye, Charito, tu niña sí es rara.

—No, mi niña no es rara, se equivocan —me defendía mi madre—, mi niña es diferente. Charytín es diferente a los demás, pero eso no significa que sea rara.

Cada vez que la escuchaba decir estas palabras, sentía que me convertía en una niña invencible. Mi mamá, la persona que yo más admiraba y quería en el mundo, me aceptaba tal y como yo era y me defendía y valoraba ante los ojos de los demás. ¡Imposible pedir más! Ya no me daba temor que se rieran de mis vestimentas, de mis torrentes de lágrimas cuando veíamos las novelas o de mis bailecitos y constantes cancioncitas. Es increíble el poder que ejercen nuestras palabras sobre los hijos. Un poder que puede utilizarse para bien o para mal. Y doña Charito decidió que su hija era «perfectamente diferente» y así sería.

Y todavía me iba a sentir más diferente, dramática y extraña porque El Seibo, antes de que nos mudáramos de vuelta a mi bello Santo Domingo, me tenía otra sorpresa guardada entre sus verdes colinas. Una sorpresa que me marcaría para el resto de mi vida.

5

MI PRIMER
ENCUENTRO CON DIOS

—Me voy —le decía a mi mamá estampándole un beso en la mejilla mientras ella cuidaba de mis hermanitas con esmero.

—Sí, pero no te vayas muy lejos, no regreses tarde —me advertía siempre preocupada por mí.

Yo salía por el pequeño corral donde mi padre tenía cantidad de gallinas y gallos. ¡Eran doscientos en total y él les ponía nombres propios a muchos de ellos! Yo bajaba la lomita donde se asentaba la casa en medio de los campos. Perdida en la inmensa naturaleza de El Seibo me sentía libre y lejos de la tensión que se respiraba entre mis padres.

A pesar de que la llegada de mis hermanitas los unió más, no faltaba pelea que arruinara el almuerzo. Aunque, insisto, con las niñas mi padre cambió bastante. Se comportaba más calmado y se veía más feliz. Creo que a ellas les tocaron mejores años y por eso apenas recuerdan muchos de los sustos y miedos que a mí me tocó vivir. ¡Le doy gracias a Dios que ellas, aunque tuvieron momentos difíciles, no presenciaron lo que yo sufrí!

Para alejarme un poco de mis circunstancias, yo me perdía por los montes vecinos. Con el tiempo, estos paseos misteriosos y solitarios comenzaron a hacerse más largos. Ya no me daba miedo irme lejos.

Recuerdo que esa mañana me preparé una mochila en la que metí una botella con agua y un sándwich. Caminé y caminé por lo menos una hora, hasta llegar a un pequeño bosque. El silencio de esas caminatas me sanaba y, al mismo tiempo, me agradaba. Al sentarme al pie de un árbol enorme, la escuché tan claro como cuando alguien te habla. Era una voz nueva para mí, pero que a partir de ese instante siempre me acompañaría. Llámenme loca, pero yo la escuché clarísimo. Una voz interna que me dijo:

—Súbete ya a lo más alto de este árbol, ahora mismo. ¡Súbete ya!

Espantada por el tono firme y a la vez protector de la voz, me ajusté la mochila a la espalda y empecé a trepar con decisión entre las ramas más bajas.

—Sigue subiendo, hasta donde no te vea nadie, donde las ramas te cubran por completo —la voz insistía.

Sin pensarlo, continué escalando como pude ese tronco enorme y frondoso hasta alcanzar la última rama gruesa del hermoso árbol de mangos. No habían pasado treinta segundos cuando escuché otras voces. ¡Y estas no tenían nada de protectoras!

—¡La cara que puso ese pobre diablo cuando le apreté el machete en el cuello! —decía una de las voces.

—¡Sí! ja, ja, ja… y la cara que pondrán cuando vean que les limpiamos todo el dinero —se jactaba otra voz igualmente aguardentosa.

Mientras continuaban hablando y hablando, logré verlos entre las ramas. Eran tres y se sentaron bajo mi árbol para descansar y tomar aliento, pues venían jadeando, como si huyeran de algo. Por las pintas tan desagradables, quedaba claro que no eran campesinos ni turistas. Ni siquiera hablaban como la gente de la zona. ¡Eran maleantes, bandidos de monte! Sus machetes enormes, colgados de sus cinturones, brillaban al sol. Yo, aterrada, no me atrevía ni a respirar, por miedo a que cayera alguna hoja y uno de los tipos mirara hacia arriba.

—¡Silencio! No te muevas, no temas —me dijo esa voz interna que todavía resonaba en mi cabeza, intentando calmarme.

De pronto, el tercer hombre hizo un gesto obsceno y se levantó, sacudiendo la tierra de su pantalón.

—Vamos, no podemos perder más tiempo, tenemos que llegar al río antes del anochecer —dijo empezando a caminar colina abajo.

Cuando los vi alejarse, empecé a temblar como las hojas que me rodeaban. Una tembladera que no podía controlar.

—No bajes todavía, yo te diré cuándo —me ordenó mi voz interna.

No sé el tiempo que permanecí allá arriba, inmóvil... tal vez más de treinta minutos, hasta que la voz regresó:

—Ahora puedes bajar.

Todavía asustada, descendí a toda velocidad y sin parar de correr, con el corazón en la boca, regresé a mi casa. ¡Mis pies volaban! Esa misma noche, cuando me dispuse a rezar junto a mi cama, comprendí lo que me había sucedido: ¡fue Dios quien me habló! Pero... ¿así de claro hablaba Dios? Yo pensaba que nuestro Padre se comunicaba con nosotros a través de la Biblia, de los sermones del cura, de los mensajes y lecciones que nos da la vida. Jamás pensé que Dios nos hablara tan rotundamente, desde el fondo de nuestras almas.

Con el tiempo, le conté este episodio del árbol y los maleantes a mi madre y a mi tía Laurina. Por supuesto que me regañaron por haberme escapado tan lejos de casa. Al final, cuando mami se fue a continuar con sus quehaceres, mi tía me dijo:

—Charytín, no estás loca, mi amor. Somos muchos los que escuchamos a Dios directamente. Es un don muy bello, no lo niegues, no lo reprimas, porque Dios te va a volver a hablar.

Dicho y hecho: Dios me hablaría de tanto en tanto y ya no me asustaría ni avergonzaría admitir mi relación con lo divino. Yo sé que muchos de los que lean estas palabras me van a comprender. ¡No estoy loca! Siempre he contado con esa sensibilidad. A mí siempre me ha guiado esa voz que me habla tan fuerte y tan alto. Mi éxito, mi salud, mi fortaleza, mis ganas de vivir, todo se lo debo a esa voz que de vez en cuando vuelve a sonar fuerte, como aquel día trepada en lo más alto de un árbol, y me dice: «Charytín, escucha».

Hay quienes no la oyen nunca y sufren. Hay quienes la llaman conciencia, ángel de la guarda, instinto, meditación o como quieran, pero está ahí siempre y no la podemos negar. Las veces que no la quise escuchar, me fue mal y en estas páginas lo voy a contar. En medio del difícil y ruidoso mundo de la farándula y del espectáculo, es fácil que te gane el ego y dejes de escuchar esa voz divina.

Hoy, con la calma y la experiencia que nos dan los años, cuando quiero volver a escuchar a ese guía tan necesario y tan reconfortante, solo tengo que hacer un pequeño silencio donde quiera que me encuentre y decir dos palabras: Padre, háblame. Su voz vuelve a resonar fuerte y firme como aquel día en lo más alto del árbol.

Lo malo en esta historia, es que otras voces se iban a colar por mi cabecita de niña rara y sensiblera. Justo por esos años de tierna adolescencia comencé a sentir en mí otras cosas con las que hasta la fecha no me siento cómoda. No sé cómo manejarlas ni qué pensar. No son como la voz de mi árbol, pero también me iban a enviar claros mensajes que me costarían grandes dolores y rompimientos de cabeza.

6

FANTASMAS,
DESGRACIAS Y EL TAROT

Atrás quedaron El Seibo, las grandes pesadillas del hogar y mis místicos encuentros. A mi padre lo habían ascendido a juez de primera instancia en el sistema de cortes de la nación y sus nuevas oficinas estaban situadas en la capital.

El día en el que mis padres me anunciaron que regresábamos a vivir a Santo Domingo, cerca de mis primos y primas, mi abuela Laura, mi tía abuela Pilar y mi tía Laurina, volví a ser feliz. Mi madre ya no estaría sola y aislada. Una vez arropada de nuevo por su familia, la fiel esposa y madre de tres criaturas recibió una oferta de empleo que no rechazó. Desde que conoció a mi padre en la universidad y se graduó de Leyes a la par que él, jamás había trabajado fuera de casa. Doña Charito consideró que después de esos tres años en El Seibo, era hora de salir y ejercer su profesión. Fue así como se unió a sus grandes amigos de la facultad que ahora eran dueños del prestigioso bufete de Ramos Messina. Allí se quedó ejerciendo hasta que se retiró. ¡Toda una vida al servicio de bancos, hoteles y grandes entidades dominicanas!

Mi padre fue el primero en aplaudir la decisión de mi madre. Don Salvador respetaba infinitamente a doña Charito la profesional y se convirtió en su fan número uno. No ocultaba lo orgulloso que estaba de que su mujer fuera tan revolucionaria para la época y trabajara de abogada. Jamás le tuvo celos laborales. Sus celos siempre fueron de otra clase, de esos que carcomen el corazón.

La doctora Charito Rodríguez de Goico era una mujer de signo Aries muy echada *p'alante*. Cuando la veían entrar a los juzgados o la veían pasearse con sus enormes tacos por las oficinas de la popular firma de abogados nadie podía imaginar la otra realidad que le tocaba vivir en su hogar, más allá de su papel de madre. Así es la vida: caras vemos, corazones no sabemos...

En nuestra casa de la capital, una vez que mi mamá regresaba alegre de la oficina, se sentaba a jugar con mi tía a la brisca con la popular baraja española. Las mujeres se reunían en torno a la mesa, tomaban un buen cafecito con galletitas dulces y se morían de la risa contándose sus chistes de gallegos. Yo, en cambio, para esos días, ya respiraba, hablaba y caminaba como una verdadera dominicana. Bailaba merengue mejor que nadie, comía tostones, habichuelas, zancocho y locrio de pollo a todas horas. Me había reconvertido en lo que siempre fui: una auténtica dominicana.

Fue en una de esas tardes de suave invierno, tan típicas en mi tierra, cuando alguien olvidó las cartas después de la animada conversación de sobremesa. Por instinto, las comencé a barajar y a extenderlas sobre el floreado mantel como había leído en la revista *Vanidades*. Observando detenidamente todas esas figuras desconocidas para mí, me puse a hacer en voz alta las preguntas típicas de una niña de aquellos tiempos: «¿me casaré?». Y las cartas me respondieron que sí. «¿Tendré hijos?». Y el tres de oros me dijo que tendría tres. «¿Seré famosa?». Y de nuevo los naipes me dijeron que sí. Me pareció muy divertido, hasta que tomé valor y decidí leérselas a otra persona, para ver si yo era capaz.

Mi primera víctima fue nuestra querida Lidia. Era la muchacha del servicio que ayudó a mi madre durante un tiempo.

—¿Qué ves, Charytín? ¿Dime qué ves? —la mujer parecía entretenida con mi juego.

—Hmm, veo dos niños —le respondí con sinceridad desde mi total inexperiencia—; dos... y un señor mayor.

—Sí, son mis niños y el padre de mis niños... sigue, sigue.

—Hmm, espera, aquí veo que uno de los niños desaparece.

—¿Cómo que desaparece? —Lidia dio un salto y se puso en pie, furiosa— ¿Qué quieres decir con que mi niño desaparece?

—No, no, cálmate. Acuérdate que yo no sé de estas cosas, sólo estoy jugando —la intenté persuadir para que no se enojara y que no le contara a mi mamá.

A la semana siguiente, llegó temblando y asustado el señor mayor de mis cartas y le dio la noticia a Lidia: su niño de cuatro años había fallecido en un terrible accidente. ¡Nunca he podido borrar de mi memoria los gritos de esa buena mujer! Lloraba y gritaba como alma poseída. En mi casa me alertaron: Lidia había agarrado un cuchillo de la cocina y me buscaba por los pasillos para matarme, mientras repetía: «Charytín lo vio... lo vio y no me lo dijo todo... ella lo vio...».

Con ayuda de unos vecinos se llevaron a la pobre Lidia al hospital completamente colapsada y yo pude salir del armario en el que me escondí aterrada y con un horrible sentimiento de culpa. Mi mamá, una vez que nos quedamos a solas, me pidió que le hiciera una promesa:

—Júrame Charytín, que nunca más, por lo que más tú quieras, nunca más toques esas cartas.

Yo, como niña obediente que siempre fui y asustada como estaba, le cumplí su ruego. No volví a tocar la brisca en décadas. Pero confieso que, ya de adulta, caí en la tentación una vez más e igualmente me fue muy mal. ¡Es que no aprendo! Para ese entonces yo ya era madre, mi suegra estaba en cama y su enfermera profesional que la cuidaba se llamaba Toñita.

—Ay, Chary —me repetía una y mil veces la señora—, no seas mala y léeme las cartas. Me contaron que tú tienes ese don.

—Va, pero sólo una vez, sólo una —accedí temiéndome lo peor.

En cuanto puse las cartas boca arriba volví a ver niños. ¡Y uno desaparecía!

—¿Qué ves? —Toñita insistía impaciente.

—Nada, nada... está todo un poco confuso, no veo nada —le mentí y recogí los naipes de un manotazo.

Muy poco tiempo después, el hijo menor de Toñita falleció de leucemia. Yo, llorando en secreto la terrible pérdida, me juraría no romper la promesa que le hice a mi madre nunca más. Y hasta la fecha de hoy la he cumplido.

En aquel primer año de mi adolescencia en Santo Domingo, desistiendo de mi oscura vida de pitonisa, me concentré en las vacaciones de verano que ya estaban por llegar. A todos los primos nos llevaban tres meses a Jarabacoa, el lugar donde mi abuela Laura tenía una propiedad que compró con su difunto esposo. ¡Ese sí que era mi paraíso! Mi padre se quedaba trabajando en la ciudad y yo esperaba todo el año ese momento en el que podía volver a ser una niña despreocupada. ¡Todavía puedo oler esa casa de madera cubierta por la verde hiedra! Desde las ventanas de las recámaras se podían ver las maravillosas montañas y los hombres que galopan a caballo por los caminos bordeados de flores. Esa casa la disfrutamos por muchos años hasta que alguien le prendió fuego por error. En plena revuelta política, un grupo de hombres enardecidos que llegaron de la capital quisieron ajusticiar a un adversario que vivía a cinco casas de la nuestra y los muy brutos se equivocaron de dirección. Mi abuela entró en depresión al enterarse que treinta años de recuerdos habían quedado reducidos a cenizas. Fue en esa casa, antes de que las llamas la devoraran, donde precisamente yo conocí a Yuyin.

Yuyin Troncoso era un amiguito que también veraneaba en Jarabacoa. Con él pasábamos las tardes nadando en el río, paseando en bicicleta con sus hermanas y mis primos y jugando parchís. Ese verano, Yuyin me prestó especial atención. Creo que él sabía que yo también lo miraba con cierto cariño. Yo nunca llegué a tener novios a esas edades, lo mío era platónico. En esas vacaciones, Yuyin (medio arrubiado y un poquito regordito) era el niño que más me gustaba aunque nunca se lo dije. ¡Me hubiese muerto de la vergüenza!

El emocionante verano con sus tiernos secretos tocó a su fin y regresamos a la ciudad para iniciar el curso escolar. Una de esas tardes, al salir del colegio, decidí pasar a visitar a mi abuela y a mi tía Laurina en la enorme casa donde vivían juntas. Al entrar, el lugar estaba en total silencio. Caminé por el largo pasillo hasta la cocina y justo entonces lo vi. Sería el primero de muchos que presenciaría en mi vida. Era un celaje blanco flotando a varios pies del suelo muy cerca de mí. Ese extraño resplandor pasó veloz a mi lado y desapareció.

Justo entonces escuché las risas y los gritos de mis primos que llegaban de la calle con mi tía.

—Tía, tía —la llamé para hablar en privado—, he visto un celaje; he visto algo, no sé...

Mi relato fue interrumpido por el fuerte timbre del teléfono. Era uno de esos teléfonos negros enormes que colgaban de la pared y que sonaban como alarmas de bomberos. Mi tía Laurina, todavía mirándome intrigada con la historia que le estaba contando, contestó la llamada. Su cara se puso pálida como el mármol y yo sólo la escuché decir: «sí... sí... sí... qué terrible... sí».

Cuando finalmente colgó, me contó lo sucedido:

—Charytín, acaba de morir Yuyin. Pasó hace menos de una hora en un accidente de carro.

¡Dios mío, todavía me duele recordarlo después de tanto tiempo! Yuyin tenía catorce años y, aunque nunca fue mi primer novio, fue mi primera premonición.

A los pocos días fuimos todos al funeral. Fue devastador ver cómo lloraban sus hermanas, sus padres, nuestros otros amigos y vecinos. Yo, aterrada, sólo le pedía a mi difunto amigo que no volviera a aparecerse frente a mí. Le dije adiós con todo el dolor de mi corazón, pero le imploré que no me buscara más, que no volviera a manifestarse conmigo.

—Charytín, tú tienes ese don igual que tu tía Laurina —me dijo mi madre al regreso del sepelio.

—¿A qué te refieres? ¿A lo de cantar, mami? —le pregunté despistada.

—Sí, lo de las canciones lo tienes, pero yo te hablo de algo más —me aclaró mi mamá con cara seria—. Tú también tienes ese don con los espíritus. ¡Qué se le va a hacer!

No me agradó pensar que yo tuviese ese «algo». Yo no quería que se me aparecieran más de estos seres que siempre traen noticias drásticas. No me gustaban los mensajes de las cartas y mucho menos las apariciones. Así que esa noche le rogué a Dios a la hora de mis oraciones: «Padre, te pido y te ruego no me hagas ni soñar ni ver cosas ni nada de nada; por favor Padre que sufro mucho. Te lo pido humildemente».

Pero uno propone y Dios dispone. El destino me seguiría enviando apariciones y sueños premonitorios en contra de mis deseos. Hasta el día de hoy no he tenido paz con esta parte de mi vida. No sé cómo procesar estos fenómenos tan dolorosos. ¡Son tantas las personas que he visto muertas!

Algunas de estas visiones me costarían verdaderos disgustos con mis seres queridos, porque a nadie le agrada que le digan «yo lo vi» minutos antes de que ocurra la desgracia. ¡A nadie!

7

GUERRA Y RON

Acabábamos de estrenar el año 1965 y mientras el mundo bailaba al compás de la música de The Beatles y su tema «Help», mi pequeño país pedía ayuda desesperadamente. Los militares dominicanos se habían divido en dos bandos: unos en torno al nuevo presidente y otros en torno al anterior mandatario. Las bombas y los atentados hacían temblar las calles de nuestro querido Santo Domingo a diferente ritmo: al ritmo de una guerra civil.

Mientras, en la cocina de mi hogar, otra bomba estaba a punto de explotar. Sólo que esta bomba no olería a pólvora sino a ron, ese aroma tan típico de mi tierra que me trae recuerdos tan buenos como malos.

Recuerdo esa noche en especial. Llevábamos meses de larga calma familiar. Desde nuestra llegada a la capital las tormentas dentro del hogar prácticamente habían cesado, pero esa noche volví a sentir el terror como lo sentía en El Seibo.

Mi padre llegó de la calle con su acostumbrado olor a licor. Creo que fue entonces cuando até cabos: ¡el detonante era siempre el alcohol!

—¿Por qué llegas tan tarde? —mi madre, como gallo de pelea,

lo retó, aún sabiendo que se enfrentaba a un hombre que la doblaba en altura y peso. Yo a veces los veía como David y Goliat.

De pronto, mi padre sacó una pistola. ¡Nunca lo había visto con un arma en la mano! ¡Jamás! Ni siquiera en El Seibo, donde los hombres cargaban escopetas al salir a pasear por los campos o a montar a caballo. Mientras seguía discutiendo con mi madre, visiblemente ebrio, abrazaba el arma contra su pecho y nunca nos apuntó con ella. No sabíamos si su intención era atacarnos o hacerse daño a él mismo. Sin dejar de discutir, mi madre me agarró del brazo y me empujó hacia uno de los cuartos. Mis hermanitas dormían plácidamente en otra de las piezas y ni los gritos las despertaron, afortunadamente. Mi padre nos siguió sin soltar la pistola. Yo me puse a gritar también. En las peleas yo ya no me quedaba al margen. Ahora, aquella niña asustadiza de El Seibo se desataba como la que más. A la mínima, yo saltaba a defender a mi madre y ya me habían caído un par de golpes por meterme en medio.

Pero, en esa ocasión de la pistola, yo sentí que los gritos de nada servirían y que alguien iba a morir. Puedo decir que esa noche la muerte rondó mi casa.

De repente, en plena gritadera entre los tres, mi madre se calló en seco y me miró. Yo me había quedado igualmente en silencio, muda; quería seguir peleándole a mi padre, pero no me salían las palabras.

—¡Charytín, hija, tu cara! ¿Qué pasa? —exclamó mi madre mientras me agarraba el rostro con las dos manos— Estás morada, estás azul.

Sólo alcancé a ver cómo mi padre dejaba la temida pistola sobre una mesa y corría a socorrerme. Entonces, *¡pum!* Me caí al suelo y me desvanecí. Luego me contó mi madre que en plena escena de locos dejé de respirar y creyeron que me había dado un derrame cerebral. Mi padre, casi en llanto, me cargó hasta su carro y juntos me llevaron al hospital.

—No, no fue un derrame, la niña ya está consciente y respirando —los calmó el doctor a los pocos minutos de examinarme—. Lo que le dio fue un síncope nervioso, pero si continúa con el nivel de estrés al que parece que está sometida le va a dar algo peor.

De regreso a casa, nunca más vimos la pistola. A mi padre, durante días, le noté la mirada avergonzada. Yo sentía que me pedía perdón con los ojos, pero jamás lo expresó con palabras. Afortunadamente, insisto, mis hermanitas no se enteraron de nada en esa ocasión; aunque me consta que, con el paso de los años, ellas supieron todo y vivieron sus propias circunstancias con él.

En esta historia, el diablo aparecía cuando se mezclaban tres ingredientes: don Salvador, el ron y la presencia de mi mamá. Me llevó toda una vida comprender que mi padre no era un bebedor habitual, no tomaba todos los días, pero cuando entraba por la puerta y su aliento olía a ron debíamos prepararnos para lo peor. Creo que el respetado juez tenía un problema con la bebida, pero nunca se habló, nunca se comentó ni mucho menos se admitió. Eran otros tiempos. Creíamos que, como sólo tomaba los viernes, simplemente estaba «ebrio». Con los años aprenderíamos que no sólo es alcohólico aquel que toma a diario, sino aquel que tiene mal beber y aun así no lo deja. Y muy mal beber tenía don Salvador.

Sin gota de alcohol, mi padre era un hombre agradable, parlanchín, cultísimo, chistoso, y hasta gozaba de alma poeta y bohemia. Cuando se quedaba a solas y se quitaba su traje de juez respetable, sacaba su guitarra y disfrutaba tocando y cantando los más bellos boleros para deleite de la familia. Si de alguien saqué mi vena musical fue de don Salvador, por extraño que esto suene. La verdad es que saqué muchas cosas de este hombre a quien yo tardaría años en comprender y amar, y en quien tardaría en confiar.

—Mi amor, nos vamos a Puerto Rico —a pocos días de la terrorífica noche, mi madre me dio la noticia—. Dicen que la cosa se está poniendo peor aquí en el país, así que decidimos que tú, las niñas y yo nos vayamos por un tiempo a tierras más seguras.

Nunca sabré si mi madre se refería al peligro en el que se hallaba el país realmente o a la guerra que no nos daba tregua en aquella oscura y sombría cocina. Porque de tanto grito ni el sol se atrevía a asomarse por la enorme ventana. Sólo sé que en menos de una semana teníamos todo empacado y un enorme carro negro vino a recogernos. Mi padre no mostró muchos sentimientos a la hora de despedirnos. Las únicas que nos lloraron al decir adiós fueron mi tía y mi abuela. A mis primos no los dejaron venir. Las calles lucían llenas de barricadas y de escombros de algunas casas derruidas por las revueltas.

De camino al aeropuerto, dentro de aquel carro enorme, yo no tenía miedo de los soldados con los que nos encontrábamos en cada esquina. ¡Al contrario! Me sentía a salvo. Allá donde fuéramos, no tendría que temerles a las botellas de ron ni a los gritos a media noche.

Dicen que una guerra civil es la peor de las guerras, porque se matan hermanos contra hermanos. A esto, sólo se me ocurre algo peor: las guerras de pareja, donde los que más se aman, más se dañan y todo en nombre del amor.

Una vez que nuestro avión despegó rumbo a la isla vecina, lo vi claro en el semblante de mi mamá: ya podíamos respirar tranquilas. Nuevas calles sin tanques y una nueva cocina alegre y bien iluminada nos esperaban.

—A ver, Charytín, cántame esa canción —me dijo mi madre mientras veía por la ventanita de nuestros asientos cómo las costas de la isla del encanto empezaban a dibujarse entre las nubes y el mar.

Y yo, sin necesidad de más explicaciones, ya sabía a qué canción se refería mi madre. Así de unidas y compenetradas estábamos las dos. Tomé aire y con suavidad comencé a tararearle las partes de la legendaria letra del maestro Noel Estrada que me sabía:

—Me voy pero un día volveré a buscar mi querer a soñar otra vez en mi viejo San Juan...

8

EL VIEJO SAN JUAN

E s una sensación que yo había tenido anteriormente al llegar a Santo Domingo. Ese *feeling* de que has estado antes en ese lugar.

En mi isla, en República Dominicana, el sentimiento era lógico ya que allí nací, aunque yo no lo recordara claramente. Pero con San Juan no tengo explicación. Sólo sé que así me sentí desde el instante en el que bajamos del avión mi madre y yo, con mis hermanitas de la mano, y pusimos pie en esta ciudad que a tantos ha enamorado.

Esa sensación tan familiar no era por el indiscutible parecido que la capital boricua guarda con mi bello Santo Domingo, por su arquitectura y su gente alegre. Había algo más en mi corazón que me hacía sentir como en casa, a gusto, feliz, como si yo también perteneciera a este rinconcito del mundo. Desde luego que el destino me tenía una buena jugada preparada, porque nada es casualidad en esta vida. Ni siquiera el apartamento que mi madre eligió para alquilar lo sería. Sólo Dios sabía por qué terminamos en ese edificio de la calle San Jorge y en su tiempo me lo dejaría saber.

Cerca de esa típica calle del barrio de Santurce estaba el colegio la Inmaculada y ahí me inscribió mi madre para que yo cursara mi cuarto año de secundaria. De inmediato me di cuenta de que nuestra estadía en Puerto Rico iba para largo y eso me gustó. También me gustaba que ahora, de manera egoísta, mi madre sólo se dedicaba a nosotras. No teníamos que compartirla con su bufete de abogados ni con mi padre ni con nadie más. En San Juan, doña Charito se entregaba en cuerpo y alma a nosotras tres y de esta manera pasamos dos años preciosos, sin sobresaltos ni peleas, sin prisas laborales ni interrupciones. En ese maravilloso tiempo conocí a otra Charito, más divertida, más jovial y despreocupada.

Mi mamá, en ese apartamento de dos habitaciones y un pequeño balconcito, y en esas calles llenas de gente que no conocíamos, se sentía libre, salía cuando quería, decía lo que quería y ¡comía lo que quería!

—Hija, vamos, coge a tus hermanitas que nos vamos al Burger King —me decía con cara de niña pícara con el bolso y las llaves en la mano, dispuesta a lanzarse a la aventura.

En República Dominicana los Burger King sólo los veíamos en las películas. En Puerto Rico eran la novedad, acababan de abrir unos tres o cuatro en toda la isla y mi madre descubrió en esas largas filas de espera su primer gran vicio que pronto se convirtió también en el mío. Madre e hija no pensaban en otra cosa que en su *Whopper* con una Coca-Cola helada y una montaña de papas fritas. ¡Estábamos obsesionadas! Mi madre más que yo, lo debo reconocer.

—Charytín, hoy no hacemos nada. Vámonos al «verguer» y luego paseamos por Santurce —me proponía mi madre en cuanto dejábamos a mis hermanitas en sus clases de ballet.

Yo era consciente de que esa libertad y esas inocentes travesuras hubieran sido imposibles si nos hubiéramos quedado en Santo Domingo.

Al año de haber estrenado nuestra nueva vida, nuevo país y nueva ciudad, Don Salvador vino a visitarnos. Se quedó tres días, durante los cuales mi madre regresó a su seriedad, a sus nervios y a sus silencios.

—En la isla, el temporal político está amainando y las cosas están volviendo poco a poco a la normalidad —nos dijo mi padre durante su corta visita—. Es hora de que regresen a casa.

—No te preocupes, Salvador. En un par de meses, una vez que las niñas terminen el curso, empacamos y regresamos —lo tranquilizó mi madre a la hora de despedirlo junto al taxi que vino a buscarlo a nuestra calle San Jorge.

En cuanto el carro se fue, mi madre me dijo:

—Mi hija, acompáñame, vamos a vender parte de las joyas que me dejó el abuelo en vida. Con el dinero nos quedaremos un tiempo más.

Unos rubís ensartados en oro y dos diamantes nos compraron ocho meses más en Puerto Rico. El abuelo Manolo fue un exitoso hombre de negocios y le gustaba consentir a sus hijas con bellas prendas. Con lo que nos dieron en la casa de empeño, pudimos pagar el apartamento y guardar unos centavitos para nuestros caprichosos viajes al Burger King y otros pequeños placeres que nos sabían a gloria.

Apenas me gradué de la secundaria en la Inmaculada, mi madre me anunció:

—Charytín, se nos acabó el dinero. Tenemos que volver a Santo Domingo, mi amor.

—Está bien, mami —me resigné.

Creo que en el fondo yo también extrañaba mi tierra, mis calles, mi isla. Añoraba con todo mi corazón a mis primos, mi tía y mi abuela. Como la canción de Gloria Estefan: la tierra duele y a mí me dolía mi adorado Santo Domingo.

Y, como todo lo que he hecho en mi vida, mi partida de San Juan no estuvo exenta de mocos y lágrimas. ¡Ay, Dios mío! Es que yo me la he pasado llorando. Insisto, soy demasiado sensible. Lloré mil mares esa tarde al despedirme de Puerto Rico, sin saber que no tardaría en regresar; y nunca más esta isla bella dejaría de ser mi hogar fuera de mi hogar.

Hasta el día de hoy lloro cada vez que uno de mis múltiples vuelos de trabajo o de familia despega del aeropuerto Luis Muñoz Marín de San Juan, rodeado de aguas inmensamente azules. Lloro de emoción, de nostalgia, de añoranza, ante la mirada curiosa de los demás pasajeros y no lo puedo remediar. Las azafatas se me acercan con Kleenex y me ofrecen café, compungidas, pensando que me voy para siempre. ¡Nada que ver! En un mes estoy de vuelta y otra vez lloro al aterrizar. Yo siempre he sido un *show* en los aviones y más adelante lo contaré con detalle.

Pero ahora, el avión iba rumbo a Santo Domingo, mi amada tierra, donde yo regresaba como una mujercita de diecisiete años, alta y espigada. Al ver a mi padre en la terminal del aeropuerto esperándonos (con su traje impecable, su sombrero ladeado y su mirada seria), algo extraño sucedió: ya no sentí aquel temor. Lo saludé alegremente y él me devolvió la sonrisa y el abrazo. Creo que nuestra ausencia y el hecho de que yo ya no era una niña hicieron su efecto. Ese hombre que antes significaba silencio y respeto, se iba a acercar un poco más a mí. Don Salvador estaba a punto de convertirse en mi aliado musical, en mi mayor fan y me iba a abrir las puertas a un fascinante mundo. ¡Sorpresas te da la vida!

El amor es así de extraño. Debajo de aquellos miedos y distancias, yo siempre amé a mi padre y hoy lo recuerdo con admiración en muchas cosas. Simplemente no somos perfectos y el gran juez tampoco lo fue nunca. En el fondo, todos somos niños raros, niños diferentes, almas heridas y perdidas en nuestros propios dramas y nuestros huracanes internos. Y el huracán entre don Salvador y doña Charito todavía no tocaba a su fin, por mucha calma que volviera a reinar a nuestro regreso al hogar, dulce hogar.

9

EL REGALO DE MI PADRE

—¡Callen a esa loca! —me gritaban en el cine.

Tras dos años de ausencia, yo había regresado a mis antiguos placeres en mi Santo Domingo querido. Uno de ellos era ir a las películas de Rocío Durcal y cantar a pleno pulmón todas las canciones, como si estuviera sola en la ducha. ¡Y pensar que un día se lo contaría a la misma Rocío en la primera de nuestras muchas cenas y veladas juntas! Creo que la admirada e idolatrada Marieta ya estaba acostumbrada a que todos los artistas nuevos nos declaráramos sus *fans* incondicionales.

Esta manía de cantar en los cines la comencé a practicar desde chiquitica, pero ahora, a mis casi dieciocho años, ya no causaba tanta ternura entre los espectadores que me aventaban palomitas mientras me decían:

—Es otra vez la loca esa, ese palo largo... siéntate, ¡palo!

Como dije, yo siempre he sido *too much*. Ahora resulta que era demasiado alta, a pesar de los temores de mi madre de que me quedara bajita como ella y todas las mujeres de su familia. Doña Charito hasta me llevó al doctor cuando recién entré en la adolescencia para que me dieran medicinas o algún milagro para crecer. ¡Creo que se les pasó la mano con el calcio y las vitaminas!

Por aquellos tiempos yo continuaba estudiando Finanzas en mi segundo año en la Universidad Autónoma de Santo Domingo. Por las mañanas conseguí mi primer trabajito de asistente en el Royal Bank of Canada. De un día para otro, me convertí en una oficinista ejemplar, aunque con un toque exótico. En toda fiesta, reunión o aniversario de empleados, yo era la primera que se levantaba a cantar a capela los temas de Marco Antonio Muñiz y de Armando Manzanero. ¡No había quién me callara! Pero todavía no me atrevía a soñar en voz alta con un futuro de artista. ¿Quién iba a querer que esta jovencita flaca y desconocida se subiera a un escenario? Aunque yo era feliz, no negaré que estaba acomplejada con mis *looks*. ¡Qué muchacha no lo está! Unas por flacas, otras por rellenitas, unas por bajitas, otras por demasiado altas. Nunca somos perfectas, nunca somos suficiente, en este mundo injusto y exigente.

Por el momento, me concentré en ser la perfecta *business woman*. Yo me ponía mis trajes serios, me peinaba y perfumaba como había visto hacer a mi madre toda la vida y, subida en mi barato y sencillo carro Daf que me compré con mis primeros sueldos, me iba puntual al trabajo. Algunos días, en las horas de *lunch,* pasaba a saludar a mi madre en su oficina. Me llenaba de orgullo observarla mientras hablaba por teléfono con autoridad o dictaba eternos documentos para los casos de grandes empresas financieras y bancos que ella manejaba. Su mesa estaba siempre ordenada y limpia y su secretaria me recibía con una enorme sonrisa.

—¿Qué nos cuentas hoy? —me preguntaba la chica mientras le hacía señales a las otras secretarias.

—OK, pero solo un ratico, que luego me regañan por interrumpirlas —yo me hacía rogar, pero la verdad era que me moría de ganas de chismear con ellas.

En casa yo también contaba con un nuevo fan: mi papá. En las tardes de fin de semana, sacaba su guitarra y me invitaba a cantar con él. Más sereno, menos ebrio desde que habíamos regresado de Puerto Rico, don Salvador se acercó más a mí o tal vez yo me atreví a acercarme más a él... no estoy segura. Ya no le tenía el mismo miedo de antes y empecé a conocer más a este hombre al que yo tanto me parecía: desde mi altura a mis ojos, pasando por nuestro amor a la música y al humor. Mi padre era un humorista increíble que sabía hacer reír a la gente cuando estaba de buenas.

—Canta la de *Las tardes en El Seibo* —me pedía después de afinar su guitarra—, yo te hago la segunda voz.

La verdad es que yo disfruté esas nuevas tardes en las que mi padre cambiaba la copa por la guitarra. No tuvimos largas conversaciones ni hablamos del perdón o del pasado. Sólo recuerdo que me decía:

—Le pido a Dios y a San Gregorio Hernández que no me deje ver morir a ninguna de mis hijas, yo me quiero ir antes. Ése es mi único deseo.

Después de estas palabras de hombre de mucha fe, se persignaba y seguíamos cantando. Cantábamos con todo nuestro corazón y así lo quiero recordar: sentado cerca de mí, cantando a dúo.

Un día le dije algo que ya le había confesado a mi mamá en muchas ocasiones:

—Papá, yo quiero ser artista.

Mi padre sonrió y no dijo nada. A la semana, él mismo me dio la noticia:

—Escucha, Charytín, llamé a Freddy Ginebra, el promotor de televisión que tiene el nuevo programa *Gente.* Yo mismo lo llamé y le dije que mi hija canta y compone. Dice que te quiere conocer.

¡Yo no lo podía creer! ¿El gran Freddy Ginebra me iba a dar

la oportunidad de cantar en su *show*? ¿Y mi padre era quien me estaba haciendo mi sueño realidad?

Esa misma semana, Freddy mandó a mi casa al gran fotógrafo Héctor Herrera para tomarme unos retratos profesionales, y ese mismo viernes mi rostro estaba en el periódico: «Este sábado, gran debut de Charytín en el programa *Gente*».

Llegó el gran día y canté «Mía», el legendario tema del maestro Armando Manzanero. Dani León fue mi director musical. Antes de que el *show*, que se transmitía en vivo, terminara dos productores de eventos ya me andaban buscando para invitarme a cantar en un popular centro nocturno.

—Caramba, ¿la niña en un *night club*? Eso hay que pensarlo —protestó mi madre, que estaba conmigo en el *set* y no me dejaba sola ni un instante.

—Chary, piénsalo, ese lugar es prestigioso —mi padre intercedió por mí—. Es el Napolitano, no cualquier bar. Es un lugar con clase.

Mi padre el celoso, el estricto, el que decía a todo que no y no me permitía ni tener novio ni salir de casa después de las ocho, era quien me animaba ahora a subirme a un escenario frente a cientos de miradas curiosas.

En dos meses preparé una hora y media de canciones y, con la bendición de mi mamá que accedió a mis ruegos y a los de mi papá, me presenté en el Napolitano. El lugar se llenó totalmente. Nunca olvidaré a mis padres sentados en una mesa en primera fila. Los dos en paz, unidos, disfrutando como las demás parejas. Verlos así me dio fuerzas para respirar profundamente, agarrar mi micrófono con todas mis fuerzas y cantar como siempre soñé hacerlo: frente a un público y con músicos profesionales junto a mí. Yo acababa de cumplir diecinueve años, pero por dentro todavía era una señorita muy infantil. Por fuera me veía muy mujer, vestida y maquillada, cuando en el fondo ni siquiera sabía lo que era el amor, lo que eran los besos. ¡No había vivido nada fuera de casa!

Al terminar mi primer concierto, hice una profunda reverencia y dejé que los aplausos se prolongaran hasta que mi madre me hizo señas para que me retirara. Yo no quería bajarme de aquella diminuta tarima. Recuerdo que pensé: «esto es lo que siempre quise, nunca me bajaré de los escenarios... nunca, nunca, nunca. Esto es lo mío». Es como una poderosa droga. Los que tienen el alma de artista me van a comprender.

A esa noche del Napolitano le siguieron otras, siempre dirigidas por Danny León; del programa *Gente* pasé al *show* del mediodía para cantar una vez por semana. Más adelante, César Suarez, el gran empresario de La Tabacalera, me contrató para actuar en los grandes conciertos junto a los artistas consagrados de mi país y del extranjero. Con todos estos compromisos, tuve que dejar mi trabajo en el banco y mis clases de la universidad. Con mis primeros ahorros de mi nueva vida de artista me compré un flamante carro deportivo de ese año, un Mazda RX 3 rojo.

—Chary, ¡qué bella! —me gritó a la entrada del concesionario de autos Jack Veneno—. Veo que tenemos el mismo gusto.

Casi me muero cuando vi al famoso luchador dominicano saludándome con mucho cariño desde un modelo como el mío, pero de color negro. Eran los dos primeros RX3 que trajeron a la isla.

—¡Te adoro, Jack! —le alcancé a gritar de carro a carro antes de que el admirado deportista pisara el acelerador y desapareciera con su bólido.

Al volante de mi nuevo y vistoso vehículo, la gente también me reconocía a mí y me decía: «¡Es la chica de la televisión!». Me gustaba llamar la atención dentro y fuera de los escenarios, ¡me gustaba entretener a la gente! La niña rara era feliz siendo popular, porque siendo popular entretienes y entreteniendo eres libre de ser y hacer lo que quieras, sin reglas ni límites.

¡Y sin fronteras! Porque pronto iba a recibir una invitación inesperada que me llevaría fuera de mi isla. En ese primer viaje de artista internacional, yo iba a conocer al amor de mi vida y también conocería a quien muchos considerarían mi gran rival. ¡Qué cosas tiene la vida! Y todo gracias a esa llamada que hizo mi padre y que me abrió las puertas de la televisión.

También gracias a mi madre quien siempre creyó en mí y que, a partir de entonces, se convirtió en mi inseparable compañera de viajes y sueños.

10

EL DESPISTAO

—Señorita, el promotor Manolito Rodríguez le consiguió una entrevista y actuación en el *show* de Iris Chacón que se graba en Puerto Rico —me dieron la noticia por teléfono.

¿Iris Chacón? Era una artista internacional muy famosa y por supuesto que acepté.

Para entonces yo, encaminada en mi vida de artista, había pasado al programa nocturno más visto en todo mi país, *Nosotros a las 8*. Mi primo Freddy Beras-Goico, sobrino de mi padre, me había invitado a ese *show* que hacía junto a Jackie Núñez del Risco. Freddy es una leyenda histórica en República Dominicana. Artista, comediante, presentador, productor y filántropo de enorme corazón que hizo grandes cosas por nuestro pueblo. Creo que no ha habido nadie tan grande y querido como Freddy en el mundo de la televisión en mi tierra y lo digo con gran orgullo. En mi segmento de dicho programa, yo cantaba y actuaba cada miércoles, patrocinada por 7Up, el popular refresco. Creo que fue durante esos veinte minutos mágicos, de la mano del gran Beras-Goico y de Jackie, donde comencé a descubrir mi verdadera pasión por la comedia y la televisión. Poco a poco me iba perfilando como algo más que una intérprete y compositora. La gente comenzaba a verme como una *show woman* y yo ni cuenta me daba. Como artista, era muy atrevida y hacía muchas locuras en ese divertido segmento; entre ellas, meterme dentro de una bañera llena de 7Up en vivo con un vestido de raso morado espectacular. ¡El modelito quedó totalmente arruinado! La audiencia en casa reía, gozaba y aplaudía feliz.

Como no había quién me detuviera en esos días, acepté el reto de saltar a la isla vecina y presentarme en el *show* de la gran Iris Chacón, aunque no negaré que iba bastante nerviosa. Yo todavía era una *carajita* que sólo viajaba acompañada de su madre. Llevaba dos años en los escenarios dominicanos, pero yo no tenía mundo. No había pasado de dos o tres enamoraditos de besitos sencillos y con los cuales sólo salía con chaperón. Si me quieren creer, créanme. Si no, no me crean. Pero la Charytín de entonces era así: loca y atrevida en el escenario y recatada y temerosa cuando las luces del *set* se apagaban. El temor que me seguía infundiendo la figura de mi padre sumado a la educación que tuve rodeada de tantas monjas, me habían convertido en una especie de santurrona. Santa que pronto se iba a espabilar.

Con mi llegada a WAPA-TV, el canal 4 de San Juan, creí morir de emoción. ¡Ésa era la meca de todo artista consagrado! WAPA en Puerto Rico y Televisa en México eran las dos grandes fábricas de talentos en esta parte de América. Si pegabas en WAPA, pegabas a lo grande.

—Nuestro productor, el señor Elín Ortiz, está en el hospital hoy —nos dijo Mario Pavón, el gran director del canal 4—. Yo las voy a atender.

Con mucha ceremonia y profesionalismo, el equipo de producción nos condujo a un camerino donde esperaríamos, mi madre y yo, el turno para entrar en escena.

—Elín, el productor del *show*, es esposo de Iris —me comentó alguien por los pasillos, pero jamás imaginé lo que esos dos nombres iban a significar en mi vida.

—Ah, mira qué bien, un matrimonio que trabaja junto, eso debe ser maravilloso —respondí tratando de imaginar lo que sería tener un hombre así a tu lado, que te apoyara y te comprendiera como artista.

Los pocos enamorados que llegué a tener por esas épocas se molestaban con mi profesión y me decían cosas como: «si lo nuestro va en serio vas a tener que olvidarte de cantar y de enseñar pierna».

¡Y ni pierna enseñaba yo todavía, señores! La Charytín de veintidós años sólo lucía vestidos largos con cierto escote y ropa elegante. ¡Y esos supuestos enamorados ya querían vestirme de novia y encerrarme en casa!

—¡Charytín, a escena! —gritó el asistente de producción; yo me persigné y salí a tratar de conquistar al público puertorriqueño.

Ahí la vi por primera vez. Despampanante, de mi misma edad, pero mucho más mujerona y con más experiencia que yo en el *set* y con los micrófonos. Yo me vestí para esa ocasión con un traje negro y un collar de perlas muy extravagante. Me impresionó su soltura, la manera en la que se desenvolvía y enamoraba la cámara. Me entrevistó muy profesionalmente, una entrevista bonita y corta, pues yo era una principiante en su país. Luego me brindó su escenario para que cantara.

Cuando salimos del canal nos sentíamos entusiasmadas porque todo había salido de maravilla.

—Guau —le dije a mi mamá—, qué cuerpazo tiene esta mujer.

Realmente tengo que aceptar que el físico de Iris Chacón era fuera de serie y no había quien lo pudiera negar.

De vuelta en Santo Domingo regresé a mis canciones, mis actuaciones y mi soltería casi de convento. Al año, me volvieron a invitar a WAPA, esta vez para otro programa. A mi llegada del brazo de mi inseparable madre, nos tropezamos por los pasillos con un señor que iba cojeando. Era casi de la edad de mi mamá.

—Mira, ese el ex de Iris —nos dijo el asistente que nos guiaba por el enorme edificio.

—¿El ex? —me sorprendió escuchar la noticia—. ¿Y el programa que tienen juntos?

—Ya se divorciaron pero siguen trabajando juntos muy bien y el *show* de Iris va viento en popa.

—¡Coño! —dije sin poder evitarlo—. Eso es un hombre, que no mezcla lo personal con lo artístico. ¿Y es cojo? Yo no sabía.

—No, no —continuó informándonos el empleado—, nada que ver. Es que el hombre es muy despistado y se puso un zapato bajo en un pie y un zapatacón en el otro. Por eso camina así.

Al final de la tarde nos lo volvimos a cruzar y esta vez el cojo despistao se detuvo a saludarnos:

—Las quiero invitar a una obra de teatro que voy a tener esta noche. Aquí está la dirección. Después del *show* me esperan que yo las llevaré a su hotel.

Acepté de mala gana. Yo me imaginaba que sería una obra aburrida y que él era el promotor o el productor. ¡Cuál fue mi sorpresa al llegar y verlo subido al escenario, encarnando al personaje principal! La producción era *El hombre, la bestia y la virtud* de Luigi Pirandello y en ella Elín compartía marquesina con la gran actriz Velda González y el excelente comediante Yoyo Boing. En esas escenas en las que Elín recitaba las frases que en el cine repitiera el legendario Orson Welles, aquel viejito cojo de los pasillos de WAPA se transformó ante mis ojos en el príncipe más bello.

¡Y Elín era todo menos bello! Su arte me hizo creer que era Míster Universo. Yo no me di cuenta del impacto que me causó verlo esa noche bajo los potentes reflectores del teatro Tapia. Sería mi mamá quien, años después, me contaría que ella sí se percató del flechazo; porque el amor no es otra cosa que admiración. Cuando admiras, amas, y cuando dejas de admirar, dejas de amar.

Aquella noche de total flechazo, el despistao se olvidó de nosotras. Esperamos como dos bobas a la salida del teatro y nunca llegó a recogernos como prometió. Buscamos un taxi y nos retiramos a nuestro hotel, felices de haber pasado un buen rato y sin más drama.

—Oye, Chary, será cierto que a este hombre se le va el santo al cielo —comentó mi madre muerta de risa.

Meses después, mi querido Santo Domingo se preparó para la llegada de la gran Iris Chacón. La explosiva puertorriqueña, en su pleno apogeo internacional, se iba a presentar con su *show* en el fabuloso hotel El Embajador. Por aquellas épocas eran los grandes hoteles los lugares donde se celebraban los mejores eventos en vivo. ¡Era todo *glamour*!

En vísperas del gran día, se celebró un coctel de bienvenida para Iris y su equipo en ese mismo hotel. Yo fui con mi mamá para desearle suerte a la gran artista, y ¡zas! Me volví a cruzar con don Elín.

—¿Y usted qué hace aquí?—se me escapó, sin poder ocultar mi sorpresa.

—Aunque estamos divorciados sigo trabajando con Iris en algunas de sus presentaciones. Todavía nos quedan un par de proyectos juntos y luego terminamos —me respondió el hombre con absoluta calma y normalidad.

—Bueno, yo... yo tengo que decirle que su obra, la que vi en

Puerto Rico, me encantó... —Estaba tan nerviosa que le hablaba como una fan. ¡Me sentía fuera de lugar!

Ante tal desastre, me despedí rápido y me fui con mi refresco a otra parte a seguir disfrutando del coctel y a saludar a Iris, quien permanecía rodeada de toda la prensa dominicana.

Al día siguiente, me presentaba con mis canciones en El Cortijo, otra sala elegante en las afueras de la ciudad, y justamente antes de subir al escenario mi mamá me dijo:

—Oye, ¿sabes quién está? Don Elín Ortiz, sentado con dos señores en primera fila.

No sentí nervios, solamente curiosidad. ¿Qué hacía ese señor tan importante ahí? Porque yo no lo invité. ¿Se quedaría todo el *show*? ¡Y se quedó! Al final, se acercó y me dijo:

—Eres una maravilla.

¡Casi me desmayo! Yo, como toda artista que inicia, era muy ambiciosa. Sólo quería triunfar. Es una obsesión que todos los del gremio llevamos dentro. Queremos crecer, queremos que mucha gente escuche nuestras canciones y queremos vivir de nuestro arte. Así que me quedé mirando a ese señor que me llevaba más de quince años y sólo quise enfocarme en ver al productor y hombre de negocios; ¡y nada de hablar sobre amor o admiración! Si me enamoraba presentía que mi oportunidad de trabajar con él se terminaría antes de empezar.

—Gracias, don Elín —contesté educadamente a su piropo artístico y le estreché la mano.

Elín se despidió y regresó a los cinco minutos. ¡Mi corazón dio un vuelco! Pero fue falsa alarma. Se le había olvidado su saco en la silla. Lo recogió, me sonrió y se fue.

—El despistao... —dijo mi madre llevándose la mano a la frente.

Ese mismo lunes presenté mi nueva composición, *Amigo Mío*, en la televisión nacional. Luego me contaron que Elín se quedó en su habitación del hotel a ver mi actuación. También me contaron que fue en esa tarde, frente a ese televisor en blanco y negro, cuando nació mi admirador número uno. Mi fan más grande; más grande incluso que mi propio padre y mi fiel e incondicional madre. Porque lo tengo que decir: Elín Ortiz se enamoró de mi voz. Si la admiración es amor, aquí se estaba cocinando un romance muy grande, que no sería como los de las novelas ni como los de las canciones. Ésta sería una historia de adoración y devoción, no de arrebatos y pasiones. Sería uno de estos grandes amores que también merecen ser contados, aunque no arrastren lágrimas ni dramas de por medio.

Al día siguiente de presentar *Amigo Mío* en la televisión, mi vida iba a cambiar con una visita inesperada a mi casa. Era martes, sonó la puerta; yo estaba arriba en mi habitación.

—Chary, ¿puedes bajar? Aquí está el señor Elín en la sala. Alguien le dio nuestra dirección —mi mamá me informó con cara divertida desde las escaleras.

—Ah, no, no, mami. A mí no me gusta que me lleguen así. No estoy peinada ni arreglada —grité, atranqué mi puerta y no salí en dos horas de mi cuarto.

Elín, después de que le anunciaron que yo no bajaría, se sentó a charlar con mis padres que lo atendieron con mucha cortesía. Ambos quedaron fascinados de lo sereno y educado que era el señor Ortiz.

Mi madre me contó que el gran productor les había pedido permiso para manejar mi carrera y coordinar dos viajes a Puerto Rico ese mismo año.

—Pero yo voy con ella —me contó mi mamá que le reclamó.

—Sí, claro... yo envío pasajes para las dos, por supuesto —reafirmó Elín rotundamente—. Y quiero que sepan que, tras este concierto en el Caribe Hilton, he terminado mi trabajo con mi exesposa y puedo concentrarme completamente en Charytín y su carrera.

Con esta aclaración se firmó mi contrato verbal entre mi padre y Elín con un apretón de manos mientras yo me escondía, molesta, en mi cama con los pelos de loca. ¡Pronto estos dos hombres firmarían otro acuerdo mucho más personal!

Cuando la visita terminó y yo bajé, volvió a sonar el timbre. Corrí escaleras para arriba a ocultarme otra vez. Era Elín que se había olvidado sus lentes. ¡Casi me da un patatús!

A los tres días, bien peinada y maquillada, me reuní con mi nuevo representante y mis padres para cerrar el trato de manera más oficial.

—Vamos a ir a España a grabar con Alhambra Records, la subsidiaria de Columbia —nos anunció como bomba Elín.

—¿Y mi madre? —exclamé asustada de pensar en que tendría que cruzar otra vez el Atlántico.

—Tu madre ya tiene su pasaje —Elín me calmó con su mirada limpia y tranquila.

—Mira, mami, qué irónico; tú y yo vamos a España juntas otra vez, tantos años después de aquel barco.

—Sí, pero esta vez en avión, mi hija; y con pasaje de vuelta —mi mamá tampoco ocultaba su entusiasmo con la aventura que nos esperaba.

—Quince días, señoritas —nos aclaró Elín—. Quince días y regresamos con disco grabado.

Aunque, en realidad, Madrid me iba a brindar algo más que

un álbum con doce canciones. Aquellas calles que me vieron crecer de niña y que yo había enterrado en mi pasado, iban a ser testigos del nacimiento de ese gran amor que llegaría sin cohetes ni confetis, ni pasiones ni escenas ardientes ni música celestial. Simplemente, Madrid sería testigo de cómo yo comenzaba a convertirme en mujer. Mujer sin dramas ni secretos. Mujer de las que besan de verdad. Porque dicen que «la española, cuando besa...» y yo algo de española debo de tener. ¡Es inevitable!

11

MI PRIMER BESO, MI PRIMER DISCO, MI PRIMER *HIT*

—Señores, pasen por acá —le indicó la azafata de Iberia a mi mamá y a Elín, pensando que eran pareja—, y su hija por aquí.

—No, señorita, yo soy la artista y él mi mánager —la corregí amablemente a la vez que me adelantaba y me sentaba en medio de los dos.

Yo iba mentalmente preparada y muy emocionada a la grabación de mi primer disco. ¡Lo había soñado durante muchos años! Entre las diez canciones que incluiríamos, seleccionamos dos de mi autoría; *Amigo Mío* sería una de ellas. Los demás temas los escogimos del repertorio de compositores españoles de gran renombre.

En cuanto aterrizamos, dejamos las maletas en el hotel y salimos las dos solas, madre e hija, a pasear. ¡Cómo describir lo que mi mamá y yo sentimos al caminar de nuevo juntas por la Gran Vía y por el Paseo del Prado! Tomadas del brazo y sin prisa, observábamos esa nueva España de los setenta; más moderna, pero todavía con ese fuerte sabor castizo. Al pasar por nuestra antigua calle, Diego de León, vi que los ojos de mi mamá se llenaban de lágrimas. Esos ojos color miel de abeja oscura, como el sirope, brillaban de tantas emociones acumuladas. Doña Charito tenía cuarenta y seis años, pero aparentaba treinta. ¡Podríamos haber pasado por hermanas! Aunque yo ya le sacaba una cabeza de altura y mi pelo rubio castaño largo no se parecía en nada a su pelo negro y cortito hasta las orejas, nadie dudaba que éramos familia. Las dos caminábamos igual y usábamos el mismo rojo carmín de labios que no podía faltar ni de día ni de noche.

Al llegar a la Puerta del Sol y ver el ajetreo de la gente yendo y viniendo como hormiguitas afanosas, me sentí muy dichosa de mis raíces, pero yo ya era dominicana. Mi corazón me lo dijo: ¡caribeña *dominicanaza*! España quedaría en mis recuerdos como aquel lugar maravilloso de mi infancia y como el lugar que vería el nacimiento de muchos de mis discos; porque Madrid, y sus incomparables productores musicales, serían los que harían realidad una gran parte de mi carrera.

—Mañana las espero a las nueve en el *lobby* para ir al estudio —nos indicó don Elín al regresar al hotel, justo antes de retirarnos a nuestras respectivas habitaciones.

—A ver si no se le olvida la hora mañana —me comentó mi madre entre bromas cuando llegamos solas al elevador—. Es distraído pero muy inteligente, muy buena gente, me gusta.

Yo no le contesté a sus comentarios. No quería que se me notara que a mí también don Elín comenzaba a caerme bien, ¡demasiado bien!

Elín siempre fue muy varonil. Para mí, el prototipo de hombre ideal era el actor Charles Bronson. Los niños lindos no me impresionaron nunca. Desde que recuerdo, me ha atraído lo viril, no lo bello, y don Elín era sumamente masculino.

Cuando hablaba este actor, productor, escritor y hombre de negocios tenía una suavidad y elegancia que yo no veía en otros hombres. Para colmo, no ocultaba sus sentimientos y eso lo hacía mucho más interesante. Elín Ortiz se podía emocionar en público con una canción, admirando un cuadro, leyendo un poema o cuando hablaba de su madre con inmenso cariño y devoción. El hombre viril y macho sabía llorar y no ocultaba sus lágrimas ni su vulnerabilidad. ¡Era un tipo raro! «Se parece mucho a mí», pensé, «es medio chapado a la antigua, emocional como yo, pero sin miedos artísticos y muy atrevido en el escenario». Recatados en nuestras vidas, lanzados ante el público. Para más coincidencia, ambos profesábamos verdadera adoración por nuestras mamás.

Con su bigote grande negro, su pelo azabache peinado hacia atrás, el elegante boricua era exactamente de mi altura. La cuestión era que yo siempre iba subida en tacos enormes, otra cosa que heredé de mi madre. Con mis *zapatacones* don Elín se me quedaba bajito, pero esto no sería obstáculo alguno. ¡Al contrario! Siempre le encantó que yo luciera más alta. Era un hombre sin complejos. Un hombre que nunca me diría «cúbrete» o «esa falda es demasiado corta». ¡Jamás! Su único comentario era: «Nunca te encueres mucho porque si lo haces, vas a cansar a la audiencia. Nunca enseñes todo, sólo un poco aquí y un poco allá». Sería él, don Elín, quien acabaría con mis complejos de flaca. «Eres bella tal como eres», me repetiría en tantas ocasiones, «vístete con ropa más ajustada porque la gente delgada con trajes anchos parece enclenque y como que se pierde entre la ropa. Tú luce tu cuerpo tal y como es, no lo escondas». El poder de las palabras que la gente que tú admiras te dedica son el alimento del alma. Y si mi madre había sido mi alimento y fortaleza hasta entonces, ahora había llegado a mi vida este otro ser que igualmente me calmaba inquietudes y me hacía más fuerte.

Creo que la gota que colmó el vaso fue verlo trabajar. Desde el primer instante que pusimos pie en el estudio de grabación, don Elín tomó absoluto control con total respeto hacia el resto del equipo. Al verlo dirigir, dar órdenes sin titubear y preocuparse por mi trabajo, me derretí como helado de batata y coco en verano. No me da vergüenza admitirlo: yo empecé a interesarme en don Elín Ortiz por la profunda admiración que él despertó en mí con su trabajo. No hubo flechazo ni amor a primera vista ni locura romántica de ésta que vemos constantemente en las novelas. Lo nuestro fue gradual, orgánico, práctico y hasta lento, yo diría. En Elín yo vi equipo, el famoso *team*; vi respeto y admiración y no me equivoqué. Yo no creía mucho en los amores pasionales; pensaba en lo que siempre presencié entre mis padres y me daba terror. A mis oídos, lo más sexy y seductor del mundo eran palabras como comprensión, respeto, futuro, libertad, honestidad, dulzura y seguridad. Todo eso lo encontré en pleno paseo por el famoso parque del Retiro en la tarde madrileña más fría del año.

—Vamos a descansar un poco y salir a tomar el aire —me dijo Elín al ver que, en nuestro quinto día encerrados en el estudio, se retrasaba tres horas más la grabación.

Mi madre estaba visitando a unos familiares y supongo que Elín aprovechó el momento para planear cómo quedarse a solas conmigo por primera vez.

El Retiro es precioso en toda época del año, pero en enero lo es más. Las luces de Navidad todavía adornaban algunos de los árboles y faroles. Caminábamos el uno junto al otro con las manos metidas en los bolsillos de nuestros enormes abrigos.

—Creo que me acuerdo un poquitico de este lago; aquí veníamos con mis primas en verano —le comenté para romper el silencio del largo paseo.

Y *¡zas!* Elín me estampó un beso en la boca. Un beso atrevido, decidido, de esos que no dejan duda en tu corazón. Yo, sin pensarlo y como se hacen las grandes cosas en nuestras vidas, le devolví ese besazo con la misma intensidad que él lo había iniciado. Sin sacar las manos de los bolsillos, quedamos los dos enganchados con ese beso durante largos minutos. Eternos y maravillosos minutos. Cuando terminamos, nos miramos a los ojos y una enorme paz me invadió de pies a cabeza. ¿Qué me daba este hombre que me hacía sentir tanta tranquilidad y seguridad?

Los nervios nos invadieron cuando llegamos de regreso al estudio. Los dos nos sentíamos como ladrones con un secreto que ocultar. ¡Tan solo por un beso! Durante las dos semanas que duró el resto de la grabación, don Elín no volvió a acercarse a mí con intenciones románticas y yo se lo agradecí. Eso podría haber arruinado nuestro trabajo. Lo que tuviera que suceder entre nosotros, si es que algo iba a suceder, tendría que esperar a nuestro regreso al Caribe.

¡Y sucedió! Una vez que nos despedimos de nuestro equipo en Madrid, Elín voló directamente a Puerto Rico y yo con mi mamá a Santo Domingo. El disco salió en toda Latinoamérica con gran éxito y el pobre don Elín empezó a inventarse mil excusas para venir a verme. Yo continuaba atada a mi isla, donde seguía formando parte de la familia artística de *Nosotros a las 8* con mis queridos Freddy Beras-Goico y Yaqui Núñez del Risco.

—Charytín, quise venir a comunicártelo en persona —me anunció mi nuevo pretendiente secreto en una de sus constantes visitas—. *Amigo mío* está de número uno en las radios de Puerto Rico.

Cada piropo profesional que don Elín me dedicaba me hacía más fuerte, pero ni él ni yo nos atrevíamos a hablar de romance.

¡Ni una palabra! Sólo a veces me agarraba de la mano, cuando nadie nos miraba, y yo entonces me sentía todavía más invencible.

A un mes de mi gran debut del nuevo espectáculo en el hotel El Embajador, Elín, cansado de la manita y de sus incesantes viajes de San Juan a Santo Domingo, decidió entrar en acción. Era consciente de que si quería algo más que la mano tendría que enfrentar a la autoridad.

—Chary, le voy a comunicar a tu padre que estamos enamorados —me dijo por sorpresa.

¡Me morí del susto! ¿Elín iría a mi casa a hablar con mi papá? ¿Estaba yo preparada para un noviazgo con este hombre? Esta vez no podría esconderme en mi cuarto. En esta ocasión no sería visita sorpresa, sería una cita anunciada. La sorpresa sería otra y se serviría con dulce frío y café caliente... muy caliente.

12

¿PARA CUÁNDO ES LA BODA?

En mi casa, esa tarde preparamos algo de beber y algo de picar. Creo que mi madre ya se lo olía, pero a mi padre yo lo veía demasiado relajado. Don Salvador esperaba una conversación de negocios y poco más. En realidad, yo era la única que caminaba tensa como cuerda de guitarra. El temor a mi padre me oprimía el pecho, pero en esta ocasión tenía algo a mi favor: don Salvador adoraba a don Elín. Ambos podían pasar horas hablando sin que surgieran discrepancias.

—Mire, yo quiero hablar con usted de algo importante —mi valiente pretendiente fue directo al grano—; no sé si se habrá dado cuenta que su hija y yo...

Silencio absoluto. Yo podía oír el zumbido de una mosca que jugueteaba sobre el vidrio de la ventana que daba al jardín.

—Yo estoy enamorado de su hija —mi futuro esposo retomó el valor y terminó la frase como pudo— y creo que ella me corresponde.

—OK —cortó mi padre bruscamente pero con suma tranquilidad—. Dígame cuándo es la boda. Dígame el día... la fecha. Estimado Elín, hábleme claro.

¡Nunca se me olvidará la cara de mi adorado Elín! El pobre

acababa de pasar hacía un año por su segundo divorcio y lo último en su lista era volver a casarse. Él acudió a esta cita simplemente para pedir ser novios; jamás vino para hablar de anillos, firmas y mayores compromisos.

Resumiendo esa merienda en casa de los Goico Rodríguez: el gran productor, actor y empresario tuvo que hablar de matrimonio para poder acostarse conmigo, con esta *carajita* que comenzaba a triunfar en la escena musical. Así de rotundo. Eran otros tiempos y yo era una niña rara, en el seno de una familia muy especial. Estoy segura de que más de una lectora de mi edad se ve reflejada en esta escena que ahora, a mis hijos, les parece sacada de la teleserie *Bridgerton*. ¡Sólo nos faltaban las pelucas cortesanas y el talco en la cara!

—Bu-bueno... —en esta parte a Elín los nervios le ganaron— ¿qué le parece, don Salvador, el diecisiete de octubre?

Creo que es la única vez que lo he visto temblar en mi vida.

—Perfecto, no se diga más. En octubre vamos de boda. —Don Salvador, satisfecho de su negociación, le tendió la mano a don Elín para sellar el pacto.

—¡Pero estamos a finales de agosto! —exclamó mi mami, angustiada— ¿Tenemos que preparar todo en mes y medio?

Mi mamá no fue la única espantada e impactada. Yo estaba igual que ella. Todo esto era demasiado sorpresivo e inesperado para mí. Yo sólo había aceptado a darle inicio a un noviazgo y nada más, pero no supe cómo pisar freno en este gran lío. Si el Juez de la Suprema Corte del país nos acababa de dar su bendición, aquí no había marcha atrás.

—¿Con ese viejo? —me dijeron mis amigos cuando la noticia de nuestro corto compromiso se corrió como la pólvora.

—Pero si se acaban de conocer... —objetaron mis primos.

A la hora del anuncio oficial nadie rechazó la invitación a la sorpresiva boda. Todos harían acto de presencia puntuales y alegres a la tan señalada fecha y nos honrarían igualmente con sus bendiciones, porque no había ser en la faz de la tierra que no cayera prendado de las bondades de mi educado galán, por muy despistado que fuera. Elín se ganó a toda mi familia y a toda mi gente en Santo Domingo en un santiamén.

En las próximas seis semanas, mi madre se embarcó en un maratón no apto para cardíacos. Se volcó completamente en los preparativos de la ceremonia con inmensa alegría y cierta tristeza a la vez. Se le casaba su primogénita y eso es un gran orgullo en toda familia. Pero también se le iba del hogar su compañera de aventuras y desventuras, su gran defensora y su confesora de grandes secretos.

A tres días de la gran fecha, la cosa se puso tensa. La familia entera andaba muy nerviosa ante el gran compromiso y el poco tiempo que teníamos para hacer todo «como Dios manda». Fue precisamente entonces cuando saltó la chispa y casi salimos todos volando por los aires. Estábamos en la cocina de la casa discutiendo sobre algún detalle de la ceremonia cuando yo, envalentonada por tener a mi prometido a mi lado y sentirme con un pie fuera de casa y «casi casada», le contesté mal a mi padre. No fui grosera, pero fui dura y tajante con él. Sin pensarlo, don Salvador levantó su mano para estamparme solemne cachetada cuando otro brazo lo detuvo. ¡Elín Ortiz paró el golpe de mi padre!

—No, don Salvador. Usted jamás le va a poner la mano encima a esta mujer ni a ninguna otra. Se acabó. En esta casa no queremos más violencia. —Las palabras de mi futuro esposo no sonaron amenazantes ni irrespetuosas, simplemente fueron firmes y serenas.

En esta vida hace falta un león para aplacar a otro león. Y yo me quedé impresionada y maravillada de las garras y los colmillos que le acababa de ver al dulce, calmado y educado don Elín Ortiz. ¡Qué hombre! Insisto que su aire tan varonil sin necesidad de llegar a lo macho fue lo que terminaría cautivándome.

Desde esa ocasión, no recuerdo haber visto otra vez a mi padre levantándole la mano a nadie en la casa. Desconozco si esos arranques se repitieron en privado, después de que me fui a emprender vida de casada. Pero yo jamás volví a ver o a sentir esa clase de reacciones en mi padre. Don Salvador estaba empezando a comprender que su primogénita ya tenía quien la protegiera y que en pocos días sería «la señora de Ortiz».

La boda se celebró en el legendario Club Naco de Santo Domingo. No pudimos jurarnos amor eterno por la Iglesia, como a mí y a toda mi familia nos hubiese gustado, ya que Elín se había casado en primeras nupcias con Rosalinda Alonso (su amor de adolescencia). Él tenía dieciocho años y ella dieciséis. ¡Eran unos niños! Tuvieron dos bellas hijas: Elinda, el gran orgullo de Elín, y su otro angelito que nació con una grave enfermedad de la cual fallecería. Ese pesar siempre lo vi en los ojos de Elín y más desgracias estaban por llegarle a este hombre tan bueno y noble. A veces pienso que Dios sabe a quién envía grandes penas, a seres enormes de corazón que saben sobrellevarlas con fe y entereza.

Mi pequeño pesar no era nada comparado con estas otras grandes heridas de la vida. El mío era no haber podido conseguir la anulación de ese primer matrimonio de Elín para yo poder casarme frente al altar y obtener la bendición de mi Dios. Pequeño pesar pero que, en mi alma de católica, me afectó de algún modo. Por ello, decidí no pasar a comulgar durante largos años. Exactamente cuarenta y cinco. Sería otra triste desgracia la que me encaminaría hacia la comunión para recibir el cuerpo de Cristo de nuevo.

El otro «pequeño gran drama» de niña que abandona su soltería fue la selección del vestido. Mi mamá y yo viajamos a Puerto Rico para comprarlo. ¡La niña diferente no iba a ir sencilla a su gran día! Entre las dos elegimos un traje del gran modisto puertorriqueño Luis Fuentes, lleno de perlas que se complementaba con un turbante con más perlas todavía. Del dramático turbante, el cual fue mi idea y yo le pedí a Luis que me lo confeccionara, salía un enorme velo azul claro. Loca pero recatada, decidimos que el modelito sería cerrado de escote y de manga larga. De los nervios yo me había puesto esquelética. Si siempre estuve un poco traumada con mi delgadez, ahora no me encontraba en el espejo.

—Querida Charytín —me llamó mi primo Freddy para darme la noticia—, vamos a televisar toda tu boda.

—¡Noooo! ¿Tan famosa soy? —exclamé pensando en mi corta trayectoria.

Lo cierto era que ya sumaba cuatro años en los escenarios, tenía disco y canciones en la radio y el público en mi bella isla sentía curiosidad de ver a su nueva artista vestida de blanco. Estábamos en 1974, año que considero el inicio de mi verdadero despegue hacia la fama internacional. Después de la elegante boda, atrás iba a quedar la cantante jovencita que todos reconocían en Santo Domingo al pasar con su flamante deportivo Mazda RX 3.

Una vez finalizada la breve ceremonia civil, dimos inicio al gran banquete y al posterior baile. Yo no canté en mi día. Dejamos ese gran honor para Luchy Vicioso, una artista con voz privilegiada y muy querida esposa (en ese entonces) de mi primo Freddy.

Entre tantos nervios, gente, prensa y fotógrafos, recuerdo que llegó el momento del brindis y dudé en alzar mi copa llena de champán. Miré de reojo a mi padre, temerosa. Yo ya era oficialmente la señora de Ortiz, casada, mayor de edad y me ganaba mi dinero. Aún así, la presencia estricta de mi padre y los recuerdos de aquellas botella de ron, me jugaron una mala pasada y estuve a punto de no tomar de mi elegante copa. Fue la mirada tranquilizadora de Elín la que me dijo: «está bien, bebe, bebe y sé feliz». Sería Elín quien me enseñaría a tomar sin temor, a disfrutar de un buen vino con la cena y a divertirme en las fiestas sin perder el control. Sólo dos veces me he emborrachado en mi vida y no fueron divertidas. Por supuesto que don Elín estuvo ahí para tomarme del brazo, llevarme a la cama y traerme mi Alka-Seltzer a la mañana siguiente.

Pero esa gran noche, sumergida en los ojos de mi esposo, me tomé mi primera copa con absoluta libertad. También recuerdo que, entre tanta dicha y felicidad, mi lado dramático no pudo evitar unos enormes lagrimones al pensar que mi querida abuela Laura no estaba presente. La gran Laura Rodríguez, la matriarca de todas nosotras, mujeres de dos continentes, había fallecido dos años antes y nunca llegó a conocer a mi Elín.

Doña Laura siempre padeció de diabetes y aun así llegó a los ochenta y cinco años de edad como una reina. Pero un buen día o, mejor dicho, una mala mañana la mujer cometió una imprudencia. Se levantó a las cinco de la madrugada, cuando la bruma marina todavía cubría los tejados de toda la ciudad y, muy coqueta, se lavó el cabello. ¡Nadie sabe por qué lo hizo tan temprano! Nunca supimos cuál era su plan para arreglarse con semejante esmero en dicha ocasión. Al medio día ya tenía signos de un horrible catarro en el pecho. Ni siquiera se quiso tomar su Coca-Cola diaria, que nunca faltaba de su curiosa dieta.

—Mira Chary —me pidió mi mamá muy consternada—, ve a recoger a la abuelita y llévala a la clínica. Está tiritando en su cama.

Yo salí corriendo y al llegar a la casa donde vivía mi abuelita, entré en la oscura recámara y lo vi. Lo vi como siempre lo veía. Vi un cuerpo sin vida, casi blanco y brillante, acostado. No era mi abuela, la que yo conocía; era otro ser, otra entidad, algo que ya no respiraba ni se parecía a ella.

—Escucha, mamá —le marqué por teléfono a mi madre—, acabo de ver algo blanco y etéreo, algo que no me gusta ver.

—No digas bobadas y llévala al hospital, yo te alcanzo allá—. Doña Charito no estaba para perder el tiempo.

Al llegar a la clínica la ingresaron y a los pocos minutos apareció mi madre. Yo me fui a casa a descansar.

—¿Ves Chary? Los médicos la han estabilizado. Tiene una mejoría. Eso que tú viste no era nada—. Mi mamá me llamó al cabo de las horas, tranquila y segura de que todo había sido una falsa alarma.

Esa próxima madrugada, a las tres, mi abuela murió. Sus bronquios se colapsaron de manera fulminante. Durante días, mientras se encargaba de los detalles del funeral, mi madre me miró con desconfianza, pero ignoró mi visión y no se la contó a nadie. Mi mamá, como buena española católica apostólica romana, no era fan de espíritus ni de historias del más allá. Además, el dolor de perder a su madre, a nuestra abuela adorada, era tan grande que las lágrimas no dejaban tiempo para los reproches.

Doña Laura se nos fue así, por sorpresa. A veces pienso que ella sabía que ése era su día y que por eso despertó temprano para arreglarse el cabello. No se quería ir de este mundo despeinada. Debía estar presentable para su gran despedida, como yo haré algún día, con la dignidad que nos caracteriza a las Rodríguez. De hecho, yo le he dicho a mi gran amigo del alma y estilista Samy que si yo me voy antes que él, tiene que ir a mi féretro y retocarme el peinado, embellecerme y asegurarse de que mi boca esté pintada de rojo.

Regresando a mi sonada boda, las que estuvieron más que presentes y compartieron conmigo cada minuto y cada emoción fueron mis hermanitas Isabel Laura y Mari Pili. Ambas adoraban a Elín y aunque eran adolescentes, sabían que yo quedaba en manos de un hombre con el cual no se repetiría el círculo generacional de mis padres. A su vez, ellas seguirían mis pasos casándose con hombres que las respetan hasta el día de hoy. Es curioso como en nuestro rol de hermanos mayores, muchas veces marcamos el ritmo de los que nos siguen. Aunque ninguna de las dos incursionaría en el mundo artístico como yo, quiero pensar que mi boda las inspiró para buscar una historia de amor como la de su hermana mayor: llena de respeto y seguridad. Sólo deseaba que ellas llegaran al lecho conyugal más preparadas que yo. ¡Porque a mí me esperaba una buena!

Después de despedir al último invitado, Elín y yo nos retiramos a la *suite* del hotel El Embajador que nos habían preparado para nuestra primera noche. La nuestra sería una luna de miel un tanto especial por muchos motivos. En el Embajador nos quedaríamos dos días para luego pasar otros dos en Jarabacoa, mi pueblo querido. De ahí, el señor y la señora Ortiz volaríamos a Acapulco para presentarme en el impresionante escenario del Festival de la OTI. ¡Ésa sería mi *honeymoon*! Prisas, viajes, trabajo y más trabajo.

Recuerdo que en el *lobby* del hotel, antes de iniciar mi verdadera vida de mujer casada, con la última persona que hablé fue con mi madre.

—Buenas noches mamá —le dije, con infinito temor en mis

ojos, buscando tantas respuestas a tantas preguntas que se agolpaban en mi mente.

—Buenas noches, mañana te veo mi amor —fue todo lo que
me dijo la persona que yo más necesitaba en ese momento.

Así me dejó doña Charito ir a lo desconocido. Por muy divino, paciente y caballeroso que fuera don Elín, no iba a ser una
buena noche. ¡A mí me mandaron a la guerra sin fusil! Yo no sabía
nada de sexo más que lo justo. Nunca había estado a solas más de
una hora con mi nuevo esposo. Y las películas de la época sólo te
mostraban hasta que se daban el beso y apagaban la luz.

El huracán que se aproximaba al Embajador esa noche olía a
desastre. El festival tan exigente en el que tendría que medir mis
fuerzas en pocos días y la cama que me esperaba arriba, en la elegante *suite*, me tenían mortificada. Todo era mucho para mí. Yo
veía esa tormenta llegar y debo confesar que, a esta dominicana
acostumbrada a la furia tropical, los truenos y relámpagos que se
avecinaban me dieron mucho miedo.

13

LA CULPA LA TUVO CORÍN TELLADO

—¿Y tu mamá y tu hija habrán cenado? —le pregunté a mi nuevo esposo en cuanto nos quedamos a solas en esa enorme alcoba con un enorme lecho cubierto de lujosas almohadas y sábanas de la más cara seda.

Yo no sabía qué excusas poner para retrasar el momento, no sabía cómo romper el hielo en esa *suite* repleta de ramos de rosas y tarjetas escritas a mano en las que nos deseaban las cosas más lindas para nuestro recién estrenado matrimonio. Aunque, técnicamente, ¡todavía no lo habíamos estrenado!

—Les pedí comida antes de subir, no te preocupes —me intentó calmar Elín y luego se quitó los zapatos y salió al balcón para evitar el silencio que crecía entre los dos.

Creo que él tampoco estaba preparado para enfrentar a una joven virgen después de tan agotador día. Yo me metí en el baño, me quité el enorme y pesado vestido de novia y me puse mi *sexy baby-doll* blanco, pero me cubrí rápido con una bata enorme y bien cerradita. Salí envuelta de pies a cabeza.

—Ay, don Elín, qué gran boda... qué alegría... estoy exhausta...

yo no puedo con mi alma —le dije con mucho teatro mientras me metía en la fría y enorme cama.

¡Casadísima y todavía lo llamaba «don»! Yo quería estar ahí y ser la señora de Ortiz, pero algo no me permitía bajar la guardia y entregarme como hace toda mujer feliz. Mi «don Elín» más raro y más sensible que yo, se acostó a mi lado, apagó la luz y me abrazó. Juro que fue el abrazo más dulce de mi vida. Me sentí segura, pero todavía no estaba preparada y él lo sabía. Nunca lo hablamos. Mi virginidad estaba ahí, presente, y don Elín sin recurrir a las palabras, me dejó saber que esperaría el tiempo que fuera suficiente.

Dentro de esta primera gran noche donde no hubo fuegos artificiales ni violines, mis últimos pensamientos fueron para mi madre: «Mamá, ¿por qué, por qué, por qué no me preparaste para esto?». Mi cabeza pensaba como loca, sin poder conciliar el sueño, escuchando a Elín respirar profundamente dormido. «Mami, tú que eres mujer profesional, estudiada, valiente, mujer de mundo... ¿por qué no me hablaste nunca de hombres, de sexo, de cama?».

La otra lluvia de reproches le cayó a la que entonces era mi escritora favorita: la legendaria Corín Tellado que yo leía todas las noches en la revista *Vanidades*. ¿Dónde estaban todas esas historias de romances y enamorados acariciándose, y deseos que se apoderan de tu pecho, y los pétalos de rosas cayendo por encima de las almohadas y los violines con bellas melodías que sonaban al abrazarse? El silencio de la *suite* y los ronquidos de Elín era todo lo que yo escuchaba, hasta que el cansancio me venció y fui yo la que se durmió como angelito.

A la mañana siguiente, otra vez sin palabras, le agradecí profundamente a Elín su paciencia de santo. Paciencia que tuvo que ejercer por un mes y medio, el pobre hombre. Un mes y medio de noches llenas de abrazos silenciosos, esperando que yo me girara y lo besara con pasión.

Fui muy afortunada. Un hombre más joven no me hubiera comprendido y tal vez me hubiera causado algún trauma. Conozco otras mujeres de mi edad que enfrentaron situaciones muy incómodas en su lecho nupcial, aunque luego aprendieron a amar a sus esposos y superaron ese primer bache. No era extraño en esos tiempos escuchar incluso de violaciones en la noche de bodas. Claro que por esos años no lo llamábamos violación. Creo que ni siquiera la ley contemplaba semejante crimen dentro del marco del matrimonio. Gracias a Dios, las cosas han cambiado para bien, porque no todas nos encontramos con un don Elín cuando la luz se apaga y los miedos afloran.

Con mis dramas y mis traumas, yo llegué más virgen que una novicia al Festival de la OTI, que ese año se celebraba en Acapulco. Era la tercera edición y el popular evento estaba en pleno apogeo. El continente entero tenía puestos sus ojos en los participantes y había mucha expectación. Yo representaría a mi país, República Dominicana, con mi propia composición, *Alexandra*.

Con la tensión de mis noches de casada inexperta y el estrés de los ensayos durante el día, creí morir. Pasé diez días sin descansar ni pegar ojo, dando entrevistas a la prensa de más de veinte países. Con cada minuto, yo me sentía más atraída por mi esposo y representante. Éste era mi primer viaje sin mi madre y Elín se encargaba de hacerme sentir protegida y cuidada.

—No te preocupes de nuestro matrimonio, tú concéntrate en tu canción; con treinta y cinco músicos en vivo detrás de ti, nuestra luna de miel puede esperar —me aseguró durante uno de sus abrazos tan especiales.

El gran día llegó y me pusieron a abrir el festival. Fui la primera en cantar, pero yo salí como si fuera la actuación estelar, aunque por dentro estaba que me moría. Esto es algo que creo que le sucede a la gran mayoría de los artistas: muertos de miedo y muertos del gusto por actuar frente al exigente público. Hasta hoy, mis nervios antes de los eventos son insoportables. En cuanto siento la luz en mi cara y oigo la música, me creo invencible, fuerte, y esos malditos nervios desaparecen como por arte de magia. Es un regalo de Dios. Yo, en lo personal, me apoyo mucho en el humor. El buen humor derrumba miedos y te permite volar por la imaginación de tu audiencia sin temores. Así que, en ese escenario de Acapulco, salí pisando firme, saludé con una sonrisa y canté lo mejor que pude. Lo hice primero por mi gente, por mi isla, luego por Elín que me observada entre bambalinas con verdadera devoción en sus ojos y finalmente por mí; porque finalmente mi sueño de ser artista se consolidaba. Canté con toda mi alma, pensando también en mi santa madre que no podía estar a mi lado.

—Aunque quedes en el último lugar para mí estuviste maravillosa —me dijo Elín, el productor más exigente y honesto del mundo, cuando terminé y pasé al *backstage*.

Ahí mismo, y por total sorpresa para los dos, le di un beso apasionado. Un beso como los que muy pronto le iban a llover a todas horas en la intimidad. Aunque quedé la número cinco en el concurso, me sentí la ganadora porque estaba donde tenía que estar, trabajando en lo que me gustaba con el hombre que empezaba a amar. ¿Qué más podía yo pedir?

En realidad, el festival lo ganó la talentosa Nydia Caro, representando a Puerto Rico, y yo celebré su victoria por todo lo alto. Después de todo, San Juan iba a ser, a partir de ahora, mi nuevo hogar.

Tras una semana en Ciudad de México, donde pasamos largas horas de intensa promoción, y durante la cual el legendario compositor Roberto Cantoral celebró una cena en mi honor, Elín y yo pusimos rumbo a la Isla del Encanto para inaugurar nuestro primer hogar juntos. El primero de muchos, porque el mismo Elín me lo advirtió: «Somos gitanos, Chary. Nosotros los artistas somos gitanos siempre cargando maletas de país en país, de casa en casa, allá donde nos lleve el trabajo». Lo que no se imaginó mi adorado esposito era que yo le iba a salir más gitana y más itinerante que todas las artistas del mundo juntas. Lo mío y lo de las mudanzas lo contaré más adelante, pero es para ponerme en el *Libro Guinness de los récords*.

—¡Dios mío! ¿Aquí es donde tú vives? ¿Cómo puede ser? —grité cuando el taxi que nos recogió del aeropuerto de la capital boricua se detuvo frente al portal del edificio donde Elín tenía su apartamento, el que por ahora sería nuestro nidito de amor.

Salí veloz del vehículo y seguí diciendo emocionada:

—Pero, don Elín, ¡es la calle San Jorge! Esta es mi calle, quiero decir la calle donde vivimos dos años con mi mamá y mis hermanas... mira, ahí, justo en ese otro edificio del frente.

Esto no podía tratarse de simple casualidad. ¡Eran deseos de Dios! Esta calle y esta tremenda coincidencia venían a corroborarme que yo estaba donde tenía que estar, porque aquí es donde yo pertenecía, en los brazos de Elín.

A las dos semanas de haber tomado posesión de mi nuevo hogar y de haberlo decorado a mi gusto, supe que era el momento. Esa fue la noche. Cuando Elín llegó, se acostó a mi lado y me abrazó, yo me di la vuelta y lo besé; lo besé con todo mi cuerpo y mi alma y mis miedos se evaporaron. Esa noche, María del Rosario Goico Rodríguez dejó de ser virgen.

Al día siguiente desperté contenta, aunque debo confesar que fue un desastre. Fue menos terrible de lo que yo esperaba, pero de nuevo: ni violines ni pétalos de rosa ni trompetas celestiales. Volví a acordarme de Corín Tellado y me juré no leer jamás ninguno de sus libros. ¿Con qué derecho nos hizo creer a toda una generación que la primera vez es maravilloso cuando nunca lo es? Entre la inexperiencia, los nervios y la parte física, no deja de ser emocionante e intrigante la primera vez que te desnudas frente a un hombre; pero las relaciones de cama no empiezan a ser placenteras, al menos para la mujer, hasta que aprendes dos o tres cositas sobre tu propio cuerpo.

Tengo que confesar que con los años perdoné a esta gran autora, asturiana como mi familia. Volví a leer sus relatos con emoción y sus historias volvieron a hacer latir mi corazón. Pero durante esos primeros intentos torpes de querer disfrutar y no saber cómo lograrlo, como no le pude reclamar a la señora Tellado, llamé a mi mamá y a ella le di mis quejas de loca inexperta:

—¡Mami, tú nunca me dijiste, esta vaina duele!

Al cabo de dos semanas, mis llamadas cambiaron de tono:

—Caramba, mami, hoy me siento feliz.

—No tienes que explicarme nada, Charytín, simplemente ama a tu esposo y sigue siendo feliz —me dijo con cariño—. Confía en mí, cada día se van a querer más y a comprender mejor.

Así, despacio y sin cuentos de la gran Corín Tellado, empecé a disfrutar en la cama con Elín. Él resultó ser mi único maestro, aunque con el tiempo me atreví a hablar un poquito más sobre el tema con mi madre.

A partir de entonces don Elín, mi maestro del amor, siguió siendo «don Elín» para mí, pero con derecho de cama. El «don» lo dejé de usar cuando nació nuestro primer hijo. Sólo entonces le quitaría ese título de admiración para ponerle simplemente «papi». Papi, papá, el otro título y la otra faceta de Elín Ortiz que iba a hacer que me enamorara todavía más, si es que eso era posible.

No pude evitar una sonrisa al recordar la primera vez que saludé a mi padre con esa preciosa palabra, «papi», nada más llegar al puerto de Santo Domingo tras aquel largo viaje desde España. «Papi es de putas» fue lo que don Salvador me respondió en esa ocasión. Ahora, en mi nueva realidad de mujer casada e independiente, yo podría decirle «papi» a mi hombre tantas veces como yo quisiera sin que nadie me regañara por ello. Aunque antes, tendríamos que enfrentar una dura batalla porque, en esta historia, yo estaba más que preparada para la maternidad, pero don Elín no. Nuestra primera pelea de casados iba a dar comienzo ya, porque ni Elín Ortiz fue un santo ni yo tan inocentona como muchos creían.

14

MOSQUITA MUERTA

Pronto don Elín se dio cuenta de que no se había casado con ninguna «mosquita muerta», aunque luego ese nombre terminaría en nuestro repertorio y sería todo un éxito televisivo.

Igual que confieso que me casé sin estar locamente enamorada, que el verdadero y gran amor llegó después del «sí quiero», y que me sincero y cuento que yo fui virgen hasta el matrimonio, quiero aclarar en estas páginas que yo de mosca muerta nunca tuve nada. De santa no tengo un pelo, como toda mujer de carne y hueso. Lo que pasa es que Elín estaba hecho de otra pasta, por eso podía sobrellevar el revolú que yo montaba donde quiera que iba. ¡Jamás se quejó de ninguna de mis locuras de artista y de mujer apasionada!

En esos primeros años de matrimonio y de trabajo en equipo, el gran empresario Paquito Cordero llamó a Elín y le dijo que me había conseguido un patrocinio muy bien pagado para que yo promoviera la nueva Eastern Airlines, la línea aérea oficial de vuelos a Disney World en ese entonces. ¡Era un *contratazo*! Cuando llegó el día en el que tenían que volar a todos los artistas de la gran promoción para grabar un especial de Navidad en el famoso parque de atracciones en Orlando, Florida, yo no me pude controlar y di la nota. En pleno vuelo, repleto de periodistas y productores que nos acompañaban a tan importante evento, a mí me dio un ataque de los míos y me puse a gritar como loca:

—¡Que se va a caer el avión! ¡Que se cae, que se va a caer y nos matamos!

¡Los gritos se oían hasta la base espacial rusa! Ni las palabras de aliento de mi don Elín ni los esfuerzos de las aeromozas sirvieron de nada. Yo continué gritando durante todo el vuelo ante el estupor de los reporteros que se hartaban de hacer fotos y tomar nota del jolgorio que yo estaba armando. ¡Ay, Dios mío, todavía me da pena recodarlo!

¿Una artista internacional con miedo a volar? Se me olvidó contarles que en mi primer vuelo a España la presencia de mi madre fue lo que me calmó. Con el tiempo, descubrí los tragos de *gin tonic* y todo se solucionó. No creo en las pastillas ni en las drogas, pero pronto aprendí a pedir a las azafatas dos de esos poderosos tragos con un poquito de jugo de naranja y me los bebía de golpe antes de despegar.

Ese día, de camino a la promoción a Orlando, yo todavía no conocía la magia de la ginebra y lo jodí todo. Perdonen la palabra, pero así fue. Al terminar el especial navideño, que por cierto fue un exitazo, Paquito llamó a Elín y le dijo:

—Lo siento, amigo mío, pero mira... que la empresa Disney y la aerolínea Eastern Airlines ya no quieren continuar el contrato con Charytín. El escándalo que ella montó en ese vuelo salió hasta en la sopa. Me temo que todo se acabó.

A mi miedo a volar le tengo que añadir los celos. Porque yo soy celosa de nacimiento. Yo celaba a Elín como si fuera Brad Pitt, cosa que ni remotamente lo era. Como muestra de mis celos fuera de control, basta con contar lo que sucedió aquella vez que fuimos a ver un concierto de Ricky Martin. Esta escena se dio ya muy avanzado nuestro matrimonio, aunque antes hubo otras. El estadio estaba abarrotado como siempre que canta Ricky. A Elín y a mí nos pasaron casi a primera fila. A mi lado, José Luis Rodríguez El Puma y otros grandes artistas y amigos coreaban las canciones felices. Junto a nuestros asientos había dos jovencitas que gritaban histéricas «Ricky, *I love you*, Ricky, *I love you*!». Y yo pensaba: «pero si aman a Ricky, ¿por qué están manoseando a mi esposo? ¿Qué tiene que ver una cosa con la otra?». En sus baileteos abrazaban a Elín y lo agasajaban sin cesar. ¡Caramba con tanta zalamería! Aprovechando el momento en el que Elín fue al baño, les dije a las muchachitas con tono teatral:

—Miren, yo tengo una pistola en esta bonita y discreta cartera de Chanel, si ustedes se quedan aquí la voy a usar. Si siguen toqueteando a mi esposo, si siguen con esta chivería, van a ver.

¡La cara que pusieron las efusivas jovenzuelas! Mi carterita de Chanel era diminuta, no cabía ni un labial. Resultaba obvio que yo no llevaba pistola, pero bastó mi mirada fulminante y mi cuento subido de tono para que las dos desaparecieran casi inmediatamente.

Cuando Elín regresó y vio los dos asientos vacíos, preguntó muy despistao, como siempre:

—¿Y las chicas, qué pasó?

—Oh, ellas también fueron al baño, mi amor —le respondí con naturalidad, intentando desviar su atención—. Ay mira, Ricky nos lanzó un beso.

¿Y don Elín me celaba a mí? No, gracias, para nada. Mi esposo, como antes dije, era de los que me pedía que me pusiera minifaldas para que presumiera mis piernas largas y me aconsejaba que usara tacos a todas horas para sobresalir y llamar la atención.

Elín no sentiría celos ni de los galanes con los que yo me tendría que besuquear en mis futuras películas y telenovelas. Un hombre como pocos.

En fin, que don Elín todo me lo perdonaba. Todo, menos una cosa que fue objeto de grandes discusiones: mi carrera musical. A mi esposo le dolía que yo le dedicara cada vez más tiempo a la televisión y menos a grabar discos e ir de giras.

Repito que él fue el más grande fan de mi carrera musical. Pero yo ya había descubierto que había algo que me gustaba tanto como cantar y que terminaría acaparando casi toda mi atención: el mundo de la televisión.

Eran los finales de los setenta, los programas de variedades estaban en su gran apogeo. La televisión me permitía hacer de todo y llegar a millones de corazones al instante. En los *shows* a los que me invitaban, yo podía cantar, bailar, hacer reír y hasta actuar. Por eso no fue extraño que pronto me ofrecieran mi primer especial patrocinado por el ron Bacardí en Puerto Rico. El especial se llamó *Las rosas blancas* y el culpable de este gran proyecto no fue otro que Elín.

Él me quería grabando y cantando, pero irónicamente fue él mismo el artífice de mi despegue televisivo. Con su mente creativa y sin dejar de filmar durante tres meses sin descanso, Elín logró producir un *show* tan exitoso conmigo al frente. Este *show* no sólo nos llevó a ganar un prestigioso premio de los Peabody Awards en Nueva York, sino que también el legendario canal 4 WAPA-TV nos ofreció media hora los domingos. En ese espacio iniciamos en 1976 *Mi dulce Charytín*. Con tan solo treinta minutos semanales, don Elín fue capaz de producir historias, segmentos, video clips de mis canciones y tantas cosas más. ¡Era un genio vanguardista de la televisión!

Con el tiempo, *Mi dulce Charytín* pasó a ser *El show de Charytín*, el cual continuó hasta 1996 con ese mismo título y formato de música, comedia y entrevistas, en diferentes cadenas televisivas y diferentes países, pero siempre con la participación indispensable de mi querido compadre Armando Roblan, de mi querida Lolita Berrio, talentosa actriz cubana y de Yoyo Boeing, gran comediante puertorriqueño.

En total, *El show de Charytín* abarcó más de tres décadas en antena si contamos los setenta y ochenta en Puerto Rico y República Dominicana, los noventa en Estados Unidos y México a través de SIN y Univision. Y luego mi regreso en la segunda década del siglo XXI, a través de Mega TV, otra vez en la Unión Americana y otros países.

¡Qué barbaridad! Creo que no calificamos para un récord Guinness porque íbamos cambiándole el nombre y las televisoras, aunque el espíritu y la esencia siempre fue la misma. Las entrevistas de tono rosita y mis segmentos de humor eran sólo un complemento. Para mí, lo fascinante era tener con nosotros cantando en vivo a personalidades de la talla de Celia Cruz, El Puma o Julio Iglesias.

Una de estas entrevistas «rosas» y de tono amable de las que hablo sigue siendo viral el día de hoy. Se trató de Luis Miguel. Recuerdo que lo acompañó al *set* su papá, Luisito Rey. El jovencito artista no tenía más de doce años pero su personalidad ya era arrolladora. Antes de cantarnos su éxito *Dos enamorados*, me coqueteó de tal manera que me puse nerviosa. ¡No sabía cómo escapar de galán tan prematuro! La verdad, yo no me esperaba que un niño de esa edad actuara con tanta insistencia y seguridad. Fue entonces cuando Luis Miguel dijo esa famosa frase: «Espérenme todas».

Y entre entrevistas memorables y *sketches* de mucho humor

fue donde nació el personaje al que nada me parezco: Mosquita Muerta. Se nos ocurrió a Elín y a mí mientras manejábamos de San Juan a Ponce a ver a su mamá.

—¡Yo no quiero causar problemas... si causo problemas mejor me voy! —gritaba yo desde el escenario, mascando chicle y sonriendo de oreja a oreja.

¡Jamás pensé que un personaje cómico mío fuera a despertar tanto cariño entre la audiencia! Especialmente con la ayuda de la gran Lolita Berrio que siempre me acompañaba en el papel de Herbie, la amiga inseparable de la Mosquita.

Yo no planeé ser cómica, simplemente me salía solo y pronto lo comprendí: la niña melodramática era más chistosa que trágica.

Sería en una de mis giras musicales por Perú donde ya no me quedaría duda sobre mis dotes cómicas. En pleno concierto, en Iquitos, resbalé por las escaleras del escenario, intentando no caerme, hasta que me caí. Cuando me levanté y quise arreglar el tropiezo con un gesto y una de mis caras raras, vi cómo miles de personas se morían de la risa. No se reían de mi caída, sino de mi reacción a la caída. Me gustó escucharlos así de felices. ¡Qué gran placer siente el cómico de vocación! Creo que una risa es mil veces más difícil de arrancar que un aplauso. Sería también en ese viaje a Perú donde me bautizarían con el nombre artístico que me acompaña hasta el día de hoy: «La Rubia de América». Ahí nació mi apodo, aunque a esta rubia todavía le quedaba tinte por usar. Pronto dejaría mi rubio castaño a un lado para dar paso a la que sería mi nueva identidad, muchísimo más rubia de lo que era.

La suerte estaba echada: a la nueva «Rubia de América» le llegaban los éxitos por sus discos, los cuales seguí grabando casi uno por año por insistencia de Elín. Igualmente, le llegaban triunfos por sus programas de televisión. Pero la rubia no se sentía realizada. Le faltaba algo muy grande. Algo precioso, muy deseado, que don Elín no me quería dar. ¡No todavía! El hombre que en todo me consentía con amor, se negaba rotundamente a complacerme en una necesidad apremiante e imperante en mí y esto me tenía amargada, frustrada, infeliz.

15

EL NIÑO DEL ECLIPSE

—Hijos no, Charytín, estamos levantando tu carrea y embarazarnos ahora sería lo peor que pudiera suceder —me insistía Elín cada vez que escuchaba mis lamentos en los que yo sólo repetía: «Caramba, quiero un bebé, quiero un bebé, quiero, quiero».

—Escucha, yo no me quiero quedar sin hijos, para eso me casé contigo —le reprochaba yo cuando sentía que perdía la batalla.

—Ay, estas dominicanas no saben vivir sin hijos —decía don Elín resignado mientras abría el periódico para esconderse tras los titulares del día.

—A ver, tú ya tienes dos hijas, pero yo no; no es justo —le reclamaba yo.

Cuando se me pasaba este sentimiento, don Elín, con la paciencia que siempre lo caracterizó, me decía:

—Tranquila, que todo eso va a llegar. Recuerda que yo sólo quiero que seas grande como artista que es lo que tú siempre quisiste. Para levantar tu nombre a un nivel del que ya no caigas, necesitamos dedicarnos en cuerpo y alma al trabajo —me explicaba con infinito cariño—. Pero pase lo que pase, nunca me engañes. Yo te prometo que seremos padres, pero lo buscaremos juntos. Sólo te pido que esperes y que no me engañes.

Durante tres años acepté los ruegos de Elín y tomé la píldora. Fui honesta con él como él lo fue conmigo. Y tal como él me prometió, mi carrera fue en constante ascenso, para lo cual no tomamos ni un día de descanso. Con Elín, el *workaholic*, trabajé los siete días de la semana, los doce meses al año; hasta que un día, por total sorpresa, mientras veíamos la televisión después de cenar, me dijo:

—Si quieres, a partir de hoy, nos dejamos de cuidar. Vamos a despreocuparnos y deja la píldora a ver qué pasa.

¡Esas fueron palabras celestiales para mis oídos! Yo, con los ojos llenos de lágrimas, le propuse:

—Vamos, quiero rezar contigo diez minutos.

Apagamos la televisión, nos tomamos de las manos y dimos inicio a nuestras oraciones sin dejar de mirarnos a los ojos. Así fue nuestra vida en matrimonio: siempre unidos por el trabajo y por la oración. Elín y yo rezamos el uno al lado del otro por diez minutos todos los días de nuestras vidas y con los años ampliamos los diez minuticos a todo un rosario en el que incluiríamos a nuestros hijos. Siento que esta fue la fórmula de nuestra duradera relación: nuestra fe compartida y practicada al unísono. Recordemos la famosa frase: familia que reza unida, permanece unida.

Esa noche, al irme a la cama, tiré la caja de pastillas a la basura pensando que mi sueño ya se iba a convertir en realidad. Lo que verdaderamente empezó en ese instante fueron dos años de un nuevo calvario: veinticuatro meses de menstruación que llegaba puntual para recordarme lo que no funcionó y hundirme más en mi tristeza. ¡Por mucho que intentaba, no salía embarazada! Fueron tiempos de zozobra.

Ni Elín ni yo teníamos problemas médicos, así que seguimos

rezando juntos y pidiéndole a Dios el bebé que no llegaba. «¡Ja! Esa vaina del tarot que me dijo que yo tendría tres hijos y ni con uno puedo», pensaba frustradísima.

Una mañana, al entrar a una tienda, una mujer se quedó mirándome y me dijo:

—Usted necesita esto, se lo veo en los ojos.

Por su tono me di cuenta de que ella no me había reconocido. No sabía quién yo era. ¡Pero supo cuál era mi pesar! Cuando vi lo que me daba, lo tomé sin reparo. Se trataba de una estampilla de san Gerardo Mayela, el santo que ayuda a los niños a venir al mundo.

—Ay, san Gerardo, si tú me traes un hijo le pongo Gerardo como tú —le recé con devoción a la estampita que la señora me regaló.

Al mes exacto salí embarazada y casi me como esa estampita a besos. ¡Fue la cosa más grande que me había pasado en la vida! Cuando el doctor me lo confirmó yo sentía que levitaba. Me puse tan eufórica que no pudimos guardar el secreto y pronto lo supo medio Caribe y el resto del continente. Sin planearlo, se convirtió en un embarazo televisado. Yo dejé las giras musicales por temor a que algo malo pasara, pero no falté a ninguna de las grabaciones de mis *shows* semanales donde mi barriga se hizo cada vez más inmensa.

—Doctor, quiero una cesárea. No puedo tener un hijo por ahí abajo, imposible —le exigía yo al pobre Natalio Bayonet, uno de los ginecólogos más importantes de Puerto Rico.

—Mi hija, por Dios, la humanidad entera ha tenido hijos por ahí... —El buen médico no sabía qué cara poner ante mis peticiones.

Y la testaruda ganó. El día del parto, cuando todo el hospital retumbaba con mis gritos de dolor y las palabrotas que salían de mi boca, el doctor Bayonet accedió.

—El bebé viene enorme, de más de diez libras, y Chary no dilata... así que preparen todo para intervenir —dijo el hombre harto de escuchar los insultos más horribles provenientes de mi habitación durante nueve horas de contracciones infernales.

Para colmo, el niño venía de pie. Juro que esos dolores no eran normales y que mis malas palabras y gritos eran más que justificados. De camino al quirófano, yo le agarré la mano al doctor y recuerdo que le dije:

—Quiero la cesárea que usted le hizo a Nidia Caro, la que ganó el OTI. Le quedó bella. Quiero su cesárea que no se ve.

¡Y así me la hizo! Quedé muy bien gracias a las expertas manos de este gran partero, aunque lo más importante fue que el bebé llegó a este mundo sin problemas y muy sano. Y la gran noticia: ¡era niño! En aquellos tiempos todavía no anunciaban el sexo del bebé antes del gran día, así que fue doble sorpresa. Doble, porque Elín, que ya tenía dos nenas, quería niño.

Al ver a mi esposo loco de amor y alegría con su bebote enorme en brazos, su muchachito, se me olvidó si lo que yo quería era niño o niña y amé a ese nuevo ser instantáneamente. ¡Tanta felicidad era contagiosa!

—Shalim. Se llamará Shalim —decreté en cuanto me lo pusieron junto a mi pecho.

El nombre me lo inventé yo como una mezcla de Elín y Charytín. Años después me enteraría de que no era tal invención, porque Shalim ya existe en la tradición hebrea. Por supuesto, sin olvidar mi promesa al santo, le pusimos Gerardo de segundo nombre: Shalim Gerardo Ortiz Goico.

En el instante en el que nació Shalim se dio uno de los eclipses más grandes de la década. Un eclipse solar muy anunciado y esperado. Veintiséis de febrero de 1979. Todo el Caribe y la parte norte del continente americano quedaron a oscuras durante largos e inquietantes minutos. Semanas después, cuando presentamos al bebé a la prensa, nuestro querido Walter Mercado lo bautizó como «el niño del eclipse».

El niño que nació de día pero con cielos de noche era muy singular. Aparte de su enorme peso y tamaño, lucía una espesa cabellera negra. ¡Era un casquete de pelo indomable! Un bebé muy madrugador, siempre despierto, con ojos oscuros muy poderosos que a veces me impresionaban. Yo no era la única persona que se ponía nerviosa con esos ojazos tan penetrantes.

—Chary, ven, que me está mirando el niño muy fijo —me decía mi hermana Isabel Laura asustada, durante los días que vino a ayudarme con nuestro recién nacido.

Enseguida descubrimos que no teníamos nada que temer de esa mirada intensa. Curiosamente, *Shalim* es el nombre de un dios de una leyenda hebrea asociado con la estrella de la noche y con la paz y la calma que llega cuando se oculta el sol. Nuestro Shalim era todo eso y más. Con los meses fuimos testigos de que Dios había respondido a nuestros rezos obsequiándonos un niño noble e inofensivo.

Muchos me dicen que Shalim soy yo en versión hombre, que así me vería yo si hubiese nacido varoncito. Niño reservado, callado, amante de los carros desde que empezó a caminar y extrovertido cuando se trata de escenarios y cámaras. ¡Igual que yo! Nuestro hijo debutaría a sus escasos diez meses en uno de mis programas y, desde los cinco años hasta los doce, protagonizó el *show ¡Qué Angelitos!* junto a seis niños más. Hasta la fecha no

ha descansado. Si no canta, actúa o produce, pero no sabe estar
quieto. ¡Es una máquina!

¡Ay, tanto que sucedió en ese año 1979! Bebé, eclipse y hasta
un huracán que arrasó mi bella isla y tras el cual algo cambió para
siempre en nuestra familia. Hay cosas que la tormenta destruye y
nos duele para siempre, pero otras se las llevan los fuertes vientos
porque nosotros no nos atrevemos a decirles adiós. Ésta sería una
de ellas.

Hola David, adiós don Salvador.

16

EL HURACÁN DAVID

Categoría 5. Ésa fue la magnitud de David. Lo anunciaron en todo el Caribe. Elín y yo estábamos en Puerto Rico aprendiendo a ser padres de nuestro bebé que justo cumplía seis meses de vida. Con Shalim en brazos, no negaré que este huracán despertó muchos más temores en mí que todas las tormentas que yo había experimentado anteriormente. En esta ocasión, pusimos maderas en todas las ventanas y nos preparamos lo mejor que pudimos para el embiste.

A último minuto, como siempre sucede, el fenómeno cambió ligeramente su curso y no golpeó Puerto Rico con el furor esperado. En cambio, a toda la República Dominicana y parte de Haití los agarró por sorpresa y la cosa se puso peor. No hubo tanto tiempo para avisar a la población y el temido David se cobró vidas y grandes pérdidas materiales. Fue horrible.

Poblaciones enteras desaparecieron bajo las trombas de agua. Todavía lloro cuando recuerdo aquellas imágenes devastadoras. Y mis padres, cuando pasó la tormenta, nunca más se volvieron a hablar. Nunca más volvieron a vivir bajo el mismo techo, nunca más se volvieron a pelear, a levantar la voz o a amenazar. David se fue y con él se acabaron más de veinte años de guerra y convivencia conyugal.

Antes de que el huracán tocara tierra en Santo Domingo, mi madre hizo una maleta con sus cosas básicas y le dijo a mi padre:

—Salvador, me voy con las niñas a casa de mi hermana, esta parte de la ciudad no es segura. Cuando pase el vendaval te llamo.

El vendaval llegó, arrasó, siguió su curso y salió de nuevo el sol, pero mi madre nunca hizo esa llamada y nunca regresó. Mi padre nunca la buscó ni preguntó por ella. Creo que ambos sabían que esa era la única manera en la que esta historia podía acabar.

En cierto modo, mi buen Elín ayudó con esta decisión. Él quería verme tranquila y yo vivía preocupada por lo que pudiera suceder en aquella casa de mi infancia en la que todavía vivían mis dos hermanitas adoradas. Elín también quería a mi padre y a mi madre y sabía que la única solución era la distancia. Cuando todavía funcionaban las líneas eléctricas, horas antes de que el ojo de David desparramara toda su ira sobre nuestras bellas y castigadas islas, Elín llamó a doña Charito y le dijo: «Vete, vete tranquila con tus dos hijas a casa de Laurina. Es hora de que te refugies de todo».

¿De todo? De David, de Salvador... así era Elín. Siempre tenía maneras de decir las cosas sin decirlas, sin ofender, sin instigar, sin hurgar en las heridas.

Con el paso de los días, mis dominicanos comenzaron a limpiar escombros en toda la isla, a enterrar a sus muertos, a levantar de nuevo los techos caídos y plantar nuevas palmeras. Cuando todo volvió a la normalidad, si es que podemos llamar normalidad a ese tejemaneje bajo el cual vivimos constantemente, nadie se preguntó qué pasó con el señor juez y la señora abogada. No hubo escándalo ni separación oficial ni se firmó divorcio esta vez.

A ojos de la sociedad, doña Charo, la gran abogada, seguía siendo la esposa del honorable señor juez don Salvador y todos contentos.

Mis hermanas visitarían a mi padre con frecuencia y Elín y yo también pasaríamos a saludarlo siempre que viajábamos a Santo Domingo por trabajo o vacaciones. Sin rencores, sin mencionar el pasado o el nombre de mi madre, allí lo encontrábamos: en nuestra casa de infancia rodeado de los recuerdos y los muebles, tal como los dejó mi mamá antes del huracán. Para él, el tiempo se detuvo en esa tarde de tormenta y así era aparentemente feliz, con sus libros, su guitarra y su botella de ron Brugal sobre la mesa.

Mi mamá se mudó a una casita con las niñas y compró todo nuevo para iniciar su nuevo hogar. Su sonrisa de despreocupación y su buen humor regresaron, y a partir de entonces volvió a viajar conmigo por el mundo cada vez que su trabajo se lo permitía. Llena de planes y de proyectos, no dejó de ejercer como licenciada hasta que cumplió los ochenta años.

Ninguno de los dos rehízo su vida amorosa. Para don Salvador, su gran amor fue doña Charito y todos lo sabíamos, aunque tampoco demostró ninguna pena por perderla. Y mi madre esperaría treinta años para ser oficialmente viuda.

Después de que saliera el sol y secara las heridas dejadas por David, creo que mis padres sólo se volvieron a ver un puñado de veces, en las bodas de mis hermanas y en algunos de mis *shows*. Recuerdo la primera vez que sus caminos se cruzaron en su nueva etapa de «extraoficialmente separados». Fue para el bautizo de Shalim, que lo celebramos por todo lo alto en el lujosísimo hotel Casa de Campo en La Romana. Allá dimos cita a más de ciento cincuenta invitados, la mitad de ellos, miembros de la prensa de varios países. Mis padres llegaron cada cual por su lado, se saludaron muy cordialmente pero sin diálogo y lo único que pude sentir fue el inmenso vacío que había entre ambos. Se sentaron en diferentes mesas y no se volvieron a mirar ni para decirse adiós al final de la fiesta.

Esa noche, después de despedir a los últimos comensales y asegurarme de que nuestro bello y enorme bebé dormía plácidamente, no pude contener las lágrimas. Yo había soñado con el día en el que mis padres se separaran y mis hermanitas ya no tuvieran que ver y escuchar lo que yo vi y escuché. Pero también fui testigo del esfuerzo que ambos hicieron durante tantos años por quererse y mantenerse unidos. Hay grandes amores que son así, imposibles.

Allí, de pie frente a la cuna de mi hijo en mi nuevo rol de madre, supe cuánto duelen nuestros padres y lo que a ellos les pase, no importa cómo sean de imperfectos.

Dos o tres días después, pasé por la nueva casa de mi madre para darle unos regalitos que Elín y yo le habíamos traído de Puerto Rico.

—Uy, qué ricos estos quesos suizos y estas frutas en almíbar —me agradeció mi mami, siempre tan cariñosa y educada—, sabes que a tu padre le encantan. Llévale estos a él si vas para el centro.

Con los quesos y las peras en almíbar me quedó claro que aquella historia de amor que un día los unió para traerme a mí y a mis hermanitas a este mundo, y que había sobrevivido un océano de por medio, diez años de distancia y miles de peleas, no había muerto.

El huracán se llevó su unión, pero no pudo con el amor. Y a mí el huracán de la vida me iba a llevar lejos, hacia el frío norte, y hacia habitaciones de hotel donde mi propia historia de amor sería puesta a prueba.

17

PROHIBIDO AMAR
EN NUEVA YORK

—Bienvenida a la gran manzana —me dijo con enorme sonrisa uno de los asistentes de producción en el *lobby* del emblemático Hotel Plaza en el corazón de Manhattan.

Tomada del brazo de Elín, con docenas de maletones junto al elevador y sin soltar a nuestro Shalim de la mano, no me lo podía creer. Ahí estábamos la familia completa, con nuestro retoño de tres añitos, viajando juntos para iniciar mi primera gran película. En el pasado había tenido la oportunidad de participar en algunas producciones, pero éste sería mi primer gran estelar. Elín era uno de los productores ejecutivos que logró hacer este proyecto realidad junto a grandes inversionistas y actores mexicanos. La dirección quedaría a cargo de Enrique Gómez Vadillo y mi galán, mi compañero de reparto, sería el gran actor Julio Alemán. Yo crecí admirando a este famoso actor mexicano a través de sus *movies* que me encantaban, sobre todo las que hacía con Tere Velázquez, artista que también me fascinaba.

—Estamos con el tiempo justo. Una vez que se instalen en su *suite* tenemos que acudir a locación. Esta tarde grabaremos las primeras escenas en una calle no muy lejos de aquí. —El asistente continuaba persiguiéndonos por los pasillos dándonos instrucciones como loco.

Lo que no me dijo fue que la primera escena que yo compartiría con el señor Alemán esa misma tarde sería la del beso más apasionado de toda la película; un beso con un total desconocido, pues yo sólo había saludado anteriormente a mi coprotagonista en una ocasión. Casi me muero cuando me dicen: «¡Acción!». Elín, feliz y tranquilo, me observaba por los monitores mientras nos pedían repetir el beso hasta siete veces. ¡Entre el ruido de los carros y gente mirando, era imposible saborear ese momento! Además, la vergüenza me ganaba; aunque la verdad sea dicha, el señor Alemán besaba muy bien. Pero esos besos no me acabaron de impresionar, porque mis ojos ya se habían vuelto locos con alguien más.

—*Hello*... —fue lo único que dije cuando me vi cara a cara con uno de mis ídolos de adolescencia, uno de mis amores platónicos, de esos que todas tenemos a esa edad cuando vamos al cine y vemos al galán de moda en Hollywood.

Por aquellos años, a mí me fascinaba el serio, distante y varonil Richard Harris. Y ahí estaba el guapo irlandés, sentado dentro de una *suite* en mi mismo piso, con su puerta abierta de par en par como si estuviera esperando a que yo apareciera por el pasillo.

Para entonces, mi matrimonio era firme y robusto, pero ¡la imaginación nunca se casa con nadie! Soñar está permitido y yo, totalmente pasmada en aquel piso nueve, sin saber si iba o venía frente a mi gran ídolo y sus penetrantes ojos azules, no quería despertar de mi sueño de fan enamorada.

—*Good morning, how are you?* —me saludó muy picarón el famoso irlandés desde su cómoda silla, a la vez que le daba una intensa bocanada a su cigarrillo.

¡Ay, Virgen de la Altagracia! Yo sentí que me temblaban las

piernas. Inmediatamente, me arreglé el cinturón de la bata que llevaba mal amarrada y me pasé la mano por el cabello intentando ponerme presentable. Gracias a Dios, llevaba mi labial rojo puesto, si no hubiera caído fulminada ahí mismo.

—*Hi, hi, yes... hello, well, yes... hello* —tartamudeé como pude las únicas palabras que recordaba en inglés y salí disparada como cohete hacia mi habitación.

En la noche se lo conté a Elín con toda mi inocencia. Mi tonta anécdota le pareció comiquísima y me dijo:

—Tú disfruta tu fantasía con Harris que yo disfruto la mía con Marilyn Monroe en todas su películas.

Este comentario, por muy chistoso que fuera, a mí no me cayó nada bien. ¡Yo era la única rubia en la vida de mi esposo!

—Sí, pero Marilyn ya pasó a mejor vida y Harris está vivito y coleando tres *suites* más para allá —alegué con aires de venganza sin lograr que Elín se inmutara. ¡No había manera de ponerlo celoso!

—Sí, me dijeron que el famoso irlandés está representando su legendaria obra *Camelot* en Broadway por eso se hospedó aquí. Le queda a pocas cuadras del teatro —mi esposo, siempre muy informado de *shows* y producciones, me dio el reporte y se fue a dormir en paz.

A la mañana siguiente, como no tenía llamado hasta entrada la tarde, me bañé, me hice el cabello con esmero, cambié la bata beige desgastada por una roja nueva de seda y salí exactamente a la misma hora a pasear «casualmente» por los pasillos y elevadores con mi hijo y su nueva motorita que le habíamos comprado.

—¿La acompaño, doña Chary? —se ofreció nuestra dulce niñera María que siempre era un amor.

—No, no, no, María. Usted descanse un ratico que yo me quedo sola con el niño para disfrutarlo —le respondí a toda prisa.

Nada más salir de nuestra *suite*, ¡ahí estaba otra vez el Rey Arturo con su puerta abierta mirando hacia el *hall*! ¿Estaría buscándome? ¿Me esperaba porque había caído prendado de mi fina estampa? Mientras yo me quedaba congelada mirándolo, el alto irlandés dobló el periódico que llevaba en las manos, lo dejó a un lado y se puso de pie, todo sin dejar de mirarme de arriba abajo. Él tenía cincuenta y tres, yo treinta. ¿Cómo reaccionar si me hacía la señal de que entrara? ¿Qué tal si me invitaba a tomar un café? Justo cuando el galán de la gran pantalla y de los grandes escenarios me iba a hablar, salieron unos señores del elevador y gritaron su nombre:

—¡Richard!

La cara del hombre no fue de mucho agrado. Me sonrió como quien dice «espera» y se giró para saludar a los recién llegados. Yo, con más miedo que vergüenza, pasé de largo y me refugié en mi habitación.

—Mañana tienes llamado a las diez de la mañana —me avisó el asistente del director esa noche.

—¡Maldita sea! ¡No, no lo veré, no lo podré ver! ¡Él descansa en las mañanas y trabaja en las tardes en el teatro! —grité ante la sorpresa de Elín.

Después del fin de semana, Richard Harris ya no estaba ahí. La *suite* vecina lucía vacía y las camareras entraban y salían con sábanas nuevas y botes de basura. Yo, que no me daba por vencida, bajé al *lobby* con mi mejor cara de investigadora intrépida:

—*Excuse me, you know... King Arthur... here?* —interrogué como pude al discreto señor del mostrador.

Justo entonces apareció mi verdadero príncipe azul y me tradujo lo que el empleado del Plaza me intentaba comunicar:

—Mr. Harris ya se fue. Terminó su *Camelot* anoche en Broadway y se fue. Lo siento, Chary.

Elín me sonrió con picardía y me tomó del brazo para salir juntos del elegante *lobby* hacia el terrible frío de las calles de Manhattan. ¡Juro que ése fue el enero más helado de mi vida! Pero, de la mano de Elín, no había temperatura que pudiera congelar mi corazón. ¿Quién dijo que no se podía amar en Nueva York?

Con frío o con calor, en las buenas o en las malas, el lazo que nos unía nunca se rompió. Con Elín tuve algunas crisis, casi siempre por cuestiones laborales. Enfrentamos problemas grandísimos, de esos que hacen que no te hables por horas y que quieras lanzarte platos a la cabeza. Pero los platos jamás volaron, los insultos jamás se dijeron en voz alta. Siempre nos íbamos a dormir uno junto al otro sabiendo que al despertar todo estaría arreglado y yo seguiría siendo, como dice una de mis canciones, «la señora del señor aquel».

Yo podría soñar con Harris todo lo que me diera la gana en esa almohada de plumas del Plaza, pero lo único cierto en mi realidad era que el sol saldría y Elín estaría acostado a mi lado. Porque Elín nunca fue humo ni aire para mí. Él fue de carne y hueso y no una simple fantasía de cama.

Ahora que pienso: ¿fui yo aire y humo, aunque fuera por tres segundos, para Mr. Harris, mi Rey Arturo? Por muy famosos que seamos, siempre sentimos que alguien más es inalcanzable, que otro ser está hecho de ese material del que están compuestos nuestros sueños.

En tres semanas terminamos el difícil rodaje en ese invierno arrebatador en el que casi caigo enferma por tanta tormenta de nieve. Luego, regresamos a San Juan con dos lecciones en nuestras maletas: una, que los matrimonios sólidos se basan también en dejarse enamorar de otros, en permitir libertad de pensamiento y en asegurarse de que las historias platónicas nunca se repriman.

Y dos, que los artistas y los personajes del celuloide o de la televisión somos precisamente eso: humo y aire. Somos una idea, una fantasía (y me incluyo con humildad), porque eran miles las cartas de fans que yo recibía en esos locos años ochenta que me decían. «te amo, te admiro, me quiero casar contigo... eres el amor de mi vida». ¡Un amor que nunca llegarían a conocer en persona! Y si me llegaran a conocer, tal vez ya no me amarían con ese mismo arrebato que mostraban en sus cartas, o al menos no me querrían como Elín siempre me supo querer: con amor real.

Después de aquel insignificante incidente en los pasillos de ese hotel neoyorquino donde nada pasó, Mr. Harris dejó de ser humo y aire para mí. Se desvaneció de mi mente y de mis fantasías. No volví a pensar en él hasta que muchos años después vi en las noticias que había fallecido.

—¡Ay, mira papi! —le comenté a Elín que descansaba a mi lado, frente a la televisión, como muchas noches de nuestras vidas—. Mi humo y aire murió, qué tristeza, qué gran pérdida, un ser tan bello y talentoso.

Elín sólo levantó los ojos del libro que traía entre manos, me miró con más picardía que el mismísimo Mr. Harris, y me dijo:

—Bueno, ahora tu irlandés ya está con mi Marilyn. Los dos en nuestros sueños.

¡Ay, Mr. Ortiz! Un ser lleno de tanto amor, sabiduría y comprensión, pero qué pronto se iba a ver sacudido por la peor tragedia que un padre pueda llegar a imaginar. Y yo lo iba a empeorar todo con esta boca que Dios me dio, por no saber callarme a tiempo. Porque yo no era humo y aire para Elín: yo era de carne y hueso. Y la gente de carne y hueso nos equivocamos.

18

EL GOLPE MÁS DURO

Hay veces que los teléfonos timbran con un tono frío, sobrecogedor, como el canto de un pájaro de mal agüero. Como aquella vez que el teléfono de mi casa retumbó para darnos la noticia de que Yuyin había fallecido. Y esa tarde, sin que nadie me lo dijera, yo supe que ese monótono *ring-ring-ring* no traía nada bueno.

—¿Aló? —Fui yo quien tomó la llamada.

—¿Está Elín? —me preguntó un familiar en tono nervioso—. Su hija Elinda se puso muy grave y la llevamos al hospital del Auxilio Mutuo.

Creo que no lo dejé ni terminar de hablar, porque colgué y arranqué hacia el hospital, no sin antes pedirle que llamara a Elín a WAPA-TV donde estaba trabajando en uno de sus *shows* y le avisara directamente. Al llegar, me encontré con doña Rosalinda, la mamá de Elinda, rodeada de más familiares todos muy preocupados. Yo me quedé fuera de la habitación bastante rato sola, esperando mi turno, hasta que una enfermera me dijo que podía pasar.

Dentro estaban las primas de nuestra querida Elinda, acompañándola en silencio. Nada más entrar en la habitación, sentí un *shock* de mil *watts* en mi pecho. Acto seguido vi otro de esos seres transparentes y resplandecientes a los que ya me estaba acostumbrando, a pesar de mi disgusto. Dos segundos después, pude distinguir el cuerpo de Elinda tendido sobre la cama, pero su rostro lucía desteñido, mortecino. En ese preciso instante, me saltó el aire y comencé a perder el balance. Las primas me agarraron a tiempo y me sacaron al pasillo. Al rato llegó Elín. Nunca lo había visto tan nervioso. En cuanto me vio con enfermeras alrededor atendiendo mi desmayo, supo que yo estaba experimentando una de las mías. ¡Me conocía tan bien!

—¿Qué pasó? ¡Dime! —me preguntó directo y enojado como demonio.

—Mira... es que yo... —dudé, aunque sabía que no se lo podría ocultar—. Cuando entré y vi a tu hija tendida en la cama...

—¡Con mi hija no te metas! Con mi hija te lo prohíbo, no veas nada, no me digas nada —me cortó sin darme tiempo a más explicaciones y se fue directo para el cuarto.

Yo me quedé callada y no dije nada más en toda la tarde. Esa noche, de camino a la casa, Elín intentó calmar sus propios pensamientos contándome lo que le dijeron los doctores.

—Se le colapsaron los riñones y por eso corrieron al hospital. Le están haciendo pruebas y está mejor. Mañana comienzan con la diálisis y en siete días la trasladaremos al Hospital de Cleveland en Ohio donde la verán unos especialistas.

Yo sólo asentía con la cabeza, temerosa de comentar algo indebido.

—Chary, quita esa cara porque a mi hija no le va a pasar nada, no más fantasmas, no más —Elín me miraba de reojo mientras manejaba.

Yo no podía evitar que se me notaran mis dudas. Sabía por lo que estaba pasando este hombre que tanto amaba a su hija. Yo sabía que él era el mejor padre del mundo, de eso yo era testigo. Pero también sabía lo que acababa de ver en aquella habitación donde Elinda yacía rodeada de médicos.

Elinda Ortiz tenía veinticuatro años. Estaba casada con Jorge Colón, un guapo y agradable ingeniero con el cual tenía un niño precioso. ¡El primer nieto de Elín! La joven mamá era la primogénita, la total adoración de Elín, su querendona. Ella y la hermanita que nació con serios problemas de salud fueron el fruto del matrimonio de mi esposo con su primera mujer, Rosalinda, señora muy bonita, arrubiada y excelente madre.

—Chary, admítelo, jamás papi va a querer a ninguno de tus hijos tanto como a mí —se reía Elinda, siempre muy bromista y llena de vida.

—Con que los quiera la mitad de lo que te quiere a ti, será suficiente, porque lo de ustedes es absolutamente ridículo —le devolvía yo la broma—; ¡lo que tu padre te quiere a ti es de locos!

Lo cierto era que Elín tenía amor para todas y para todos, incluso para la hija enfermita que nunca pudo abandonar la cama ni participar de la vida familiar.

—Charytín, es lupus —Elín me dio la noticia desde Ohio, donde fue para estar al tanto del proceso médico de Elinda—. No sé cómo no lo vieron en San Juan. Es una enfermedad seria pero que se puede controlar, va a estar bien.

Yo volví a quedarme en silencio. ¿Qué podía decirle a este padre en los peores momentos de su vida? Elín permaneció dos semanas más montando guardia al pie de la cama de su hija hasta que los doctores dijeron que le iban a dar de alta.

—Chary —esta vez su llamada fue alegre—, prepara todo. Regreso mañana, aquí ya no me necesitan. Su mamá se queda con ella y la traerá en tres días más.

Esa misma tarde, horas antes, unas ráfagas de viento fuertes soplaron por toda la casa. Dos ventanas se abrieron y cerraron con estruendo. Yo miré a la calle y me percaté de que las hojas de los árboles no se movían. Nuestra empleada del hogar, Venecia, una mujer dominicana, honesta y cariñosa que trabajó veinticinco años conmigo, me dijo:

—Señora, ¡que hace frío en esta casa! Voy a cerrar las otra ventanas, esto no es normal.

Cuando Elín volvió a llamar para darme su vuelo y hora de llegada para el día siguiente, me armé de valor y se lo dije sin rodeos:

—No puedes venir, Elín, por lo que más quieras, no dejes a tu hija. Tú no puedes venir mañana, por el amor de Dios.

—Estás loca. Sí me voy, aquí todos están bien, deja ya las tonterías —me regañó y me colgó sin esperar respuesta.

Cuando lo fui a recoger al aeropuerto, el ambiente estaba tenso entre los dos y en la casa la cosa no mejoró. Pasamos un día en silencio, sólo hablábamos levemente de asuntos de trabajo, cuando sonó de nuevo ese maldito teléfono. Eran los doctores de Ohio, rogándole que regresara. Elinda había recaído y estaba en condición crítica, conectada a un respirador.

En ese instante, Elín dejó de estar enojado conmigo y su rostro pasó a mostrar absoluto terror. Mi alma se partía en pedazos viendo a mi adorado esposo en tan profunda agonía. Sin esperar un instante, Elín se subió en el primer vuelo y alcanzó a ver a su hija sonreír una vez más. Una última vez. Elinda abrió los ojos, lo vio, iluminó su cara con una sonrisa dulce y partió de este mundo. Se fue sabiéndose rodeada del amor y la presencia de su adorado padre y de su amada madre quienes estuvieron presentes en este doloroso momento.

Veinticuatro horas después, yo regresaba de nuevo al aeropuerto de San Juan para recibir a este padre inconsolable que llegaba con el féretro de su hija.

—Se fue, se me fue, se fue... —Tras repetir estas palabras, Elín me abrazó y cayó en el más terrible de los silencios.

Nunca más hablamos de mi premonición. Desde su profundo dolor, Elín nunca más me reprimió ni me reprochó, pero yo sé que nunca me perdonó que yo anticipara la partida de su primogénita. Eso le dolió como una puñalada al corazón.

Y como dicen que las desgracias nunca llegan solas, ésta no fue la excepción. A los tres meses de que diéramos cristiana sepultura a nuestra querida Elinda, su hermanita enferma falleció. A esta niña yo realmente nunca la conocí. En esta ocasión no hubo visiones ni fantasmas ni grandes ceremonias de despedida. El dolor simplemente iba por dentro y Elín nunca volvería a ser el mismo. Este padre herido lloró a sus hijas sin ocultar su pena hasta el día que él se fue de este mundo para reunirse con ellas.

Con los años, mis hijos lo llenarían de dicha, nuestros triunfos profesionales lo enorgullecerían, pero las alegrías siempre llegarían acompañadas de una gota de tristeza en sus ojos. Don Elín Ortiz sería para siempre un hombre que viviría su vida al máximo, pero esa sombra de melancolía ya nunca se le borraría. Una sombra muy leve que hasta en los momentos más bellos asomaba en su rostro y que me traía de vuelta a mis oídos aquellas palabras de mi padre, don Salvador: «En esta vida, yo sólo pido que ninguna de mis hijas muera antes que yo».

Extraños recuerdos que, sin saber cómo, se convierten en presagios. ¿Será que la suerte está echada, que nuestras penas y desdichas están escritas como en las tragedias griegas? Sólo Dios lo sabe, y yo lo iba a comprobar en carne propia, con otra pérdida desde lo más profundo de mis entrañas. En unos años, las palabras de mi padre iban a resonar en mi cabeza otra vez, entre las frías paredes de otro hospital.

Pero antes, me esperaban cosas más banales y terrenales, como un sencillo cambio de imagen que iba a transformar mi vida artística. Y todo de la mano de uno los personajes más misteriosos y admirados del momento. ¡La magia que puede lograr un genio musical con la ayuda de unas tijeras!

19

MIS MADRUGADAS MÁS EXTRAÑAS

—¡Feliz año nuevo! —Brindé con uvas y champán en la mano, dejando tristezas atrás y deseando todo lo bueno, rodeada de seres queridos y amigos en mi casa de San Juan.

Mi carrera se encontraba en pleno apogeo. Ni Elín ni yo podíamos imaginarnos que los casi diez años de matrimonio y unión laboral que llevábamos hubieran podido dar tantos frutos. *Prohibido amar en Nueva York* fue un éxito. A la película le siguieron varios discos, entre ellos mi primer álbum de boleros, *Guitarras y violines* que se vendió como pan caliente. Este proyecto de revisitar el pasado musical más clásico y elegante de nuestros países fue idea de Julio Ángel, gran cantante y productor puertorriqueño, con el cual grabaría mi segundo disco de temas clásicos: *De regreso al pasado*. Pocos años después, Luis Miguel repetiría esta fórmula y la llevaría a su más alto nivel.

Shalim había cumplido cinco años y mis *shows* de televisión no nos dejaban ni un minuto libre. Con doce discos publicados y las incesantes ofertas que nos llovían, Elín decidió que yo necesitaba un mánager de las grandes ligas que me llevara al siguiente nivel. Fue así como firmamos con el ahora legendario y respetadísimo

Ángelo Medina. Por aquel entonces, Ángelo ya comenzaba a trabajar con grandes figuras como Ednita Nazario.

—En unas semanas vas a grabar con Camilo en España. Prepara la maleta —me anunció mi nuevo y decidido representante.

—¿Te refieres a Camilo Sesto? —grité eufórica.

Ángelo sólo sonrió. El joven empresario ya empezaba a acostumbrarse a mis apasionadas respuestas y mi loco entusiasmo por las cosas, la gente y los proyectos. ¡Y Camilo Sesto era razón para emocionarse! Gran compositor, gran intérprete y verdadera estrella mundial.

Por otro lado, yo estaba fascinada con regresar a Madrid. En aquella época, los estudios más prestigiosos se encontraban en la capital española, donde grababan personajes de la talla de Julio Iglesias y la nueva revelación del momento, Isabel Pantoja. En total, terminé produciendo cinco de mis álbumes en la tierra de mi madre y hogar de muchos de mis grandes ídolos musicales.

—Primero irás a Madrid sólo para saludar a Camilo. Tienen que ponerse de acuerdo. Luego, en otro viaje, regresarás a iniciar el disco —me aclaró Ángelo, siempre tan organizado.

Sin más demora, Elín, Ángelo y yo nos montamos en un avión y llegamos al aeropuerto de Barajas como si nada. Allí nos esperaba un chofer que nos llevó al hotel y en una hora estábamos en casa de Camilo, donde su asistente personal nos abrió la puerta.

—«La estrella» los recibirá en unos momentos —nos anunció muy ceremoniosamente el empleado tras invitarnos a pasar al hermoso salón en esa impresionante propiedad en Torrelodones.

¡Fueron los «momentos» más largos de mi vida! Nos dejaron nueve horas exactas sentados en ese lujoso sofá. Vimos el sol caer, escuchamos los grillos cantar y a eso de las ocho de la noche, otro empleado hizo acto de presencia.

—«La estrella» ya despertó, bajará en dos minutos —nos dijo muy serio.

¿Sería que así pedía que lo llamaran o sus empleados lo hacían con sorna? Me quedé siempre con la duda.

—Querida Charytín, queridos amigos —nos saludó cordialmente Camilo mientras bajaba por las escaleras bañado, perfumado y enfundado en un traje color crema luciendo como un perfecto *dandy*.

El hombre que apareció ante nosotros se mostraba adorable, cariñoso, respetuoso y compasivo. ¡Nada que ver con toda esa fanfarria que lo rodeaba! Ay, Camilo, siempre inmerso en ese halo de misterio, lleno de contradicciones e historias increíbles. Luego, resultaba ser el tipo más afable y sensible del mundo.

Ya nos conocíamos todos de algún festival en Latinoamérica donde nos habíamos saludado; pero esa noche, el gran Camilo nos recibió eufórico como si fuéramos amigos de toda la vida. Y después de ponernos de acuerdo en fechas y pormenores de nuestro proyecto, sacó una botella de vino carísimo, el más preciado que tenía en la casa.

—Brindemos por este disco y por el éxito que va a tener —nos invitó, colocando copas por toda la mesa.

—Caramba, Camilo, no puedo tomar contigo... —me atreví a responder.

—¿Cómo que no? —me preguntó el español contrariado.

—Cuánto lo siento, pero no puedo tomar —intenté explicarme lo mejor que pude—. Le hice una promesa al Señor. Le prometí que en esta cuaresma yo no iba a probar ni gota de alcohol por una persona que se enfermó, pero te prometo que cuando vuelva para empezar nuestras grabaciones me tomaré esta botella contigo y todas las que tú quieras.

Camilo me miró con resignación y, después de regañarme por «tanta bobería y tanta promesa y tanta beatería», se llenó su copa hasta arriba y con gesto cómico exclamó:

Pues beberé por ti. ¡Salud!

De un trago, se acabó hasta la última gota ante la cara de resignación de Elín. Estaba claro que si Camilo tenía sus manías, yo también tenía las mías. ¡Ay, Virgen de la Altagracia! Así somos los artistas; o mejor dicho, así somos todos los humanos: muy particulares. Sin duda, unos lo somos más que otros, y mi querido Camilo pronto me dejaría saber que él me ganaba en este departamento de rarezas y monerías.

Después de tan curioso encuentro regresamos a Puerto Rico y cuando llegó la fecha de volver a Madrid para iniciar la grabación, Elín se me enfermó de una terrible neumonía. ¡Pensé que me quedaba viuda! Viuda joven, viuda eterna, para toda la vida, como lo fue mi abuela. Elín se puso tan grave que lo tuvimos que hospitalizar.

—No quiero sonar cruel, pero debes elegir —me dijo nuestro doctor de cabecera, Jorge Garín—: Elín o Madrid. O te quedas o te vas a España, pero no te prometo nada.

Yo, mirando a mi esposo entubado en esa cama, no podía reaccionar.

—Si no vas ahora, dudo que quede tiempo para volver a poner tu proyecto en la apretada agenda de Camilo —me advirtió Ángelo.

—Pues cancela todo —le respondí sin dudar ni un segundo—. Elijo a Elín y aquí me quedo a su lado. Yo comprendo que en mi trabajo *the show must go on* [el show debe continuar], pero no en este caso. Mi esposo va primero, segundo y tercero en mi vida.

Gracias a Dios, Elín salió de peligro y se recuperó al cabo de una semana. Muy poco tiempo después Ángelo me llamó con muy buenas noticias.

—Chary, lo que es para ti nadie te lo quita. Me llamó Camilo que si vas ahora retoma lo de tu disco —me comunicó emocionado—; el hombre más ocupado del momento va a mover todo su calendario para ti.

Esta vez no me lo pensé. Dejé a Shalim y a Elín, todavía convaleciente pero fuera de peligro, al cuidado de seres queridos. Junto a mi inseparable secretaria, Mercedes Hernández, salimos rumbo a España. Ésta fue la primera y única vez que me separé de mi hijo y de mi esposo por tanto tiempo. De todas maneras, quedamos con Elín que, una vez repuesto, vendría a visitarme y me traería a nuestro pequeño. Por el momento, enfrentaría esta aventura yo sola con mi fiel Meche, que por aquellos años ya era mi mano derecha y gran aliada.

Lo que todos pensamos que iba a ser un trabajo de quince días se convirtió en casi dos meses extraordinarios y plagados de anécdotas cómicas y no tan cómicas. Elín estaba que se moría en San Juan, pero no de la neumonía, de la cual ya se había mejorado. Mi ausencia por tanto tiempo estaba poniendo en peligro nuestro *show* de televisión y mi esposo no sabía para dónde acudir. Mientras tanto yo estaba viviendo en Madrid una especie de sueño. Fue un privilegio compartir esas largas semanas con un genio como Camilo. ¡Un genio con horario de vampiro!

—Meche, mi amor, ¿a qué hora grabamos mañana?—le preguntaba a mi compañera de aventuras.

—A la una —me decía la dulce Meche, mientras repasaba sus papeles.

—Ah, como es a la una de la tarde nos da tiempo de comer antes —intentaba organizar mi vida.

—No, Chary —me aclaraba muerta de la risa mi Mercedes—, a la una de la mañana. Creo que te da tiempo hasta de cenar. Según el señor Camilo, grabamos de una a cinco de la madrugada.

Casi me da un síncope. Con el horario de vampiros, llegó también la hora de las sorpresas. El hombre frágil, alegre y dulce que yo conocía, se transformó en esas madrugadas en un jefe absoluto, detallista y metódico. Sin titubear, Camilo me canceló más de un día por no tener la voz afinada como él deseaba y, sin pena, me enviaba de regreso al hotel. Pero no me podía enojar con él. Cada noche me preparaba, él personalmente, tés con miel a mi llegada al estudio; me mimaba en los más mínimos detalles y se deshacía en cumplidos, siempre recordándome que él consideraba que yo tenía mucho talento.

—¿Qué lleva esto? —le pregunté la primera vez que me puso la humeante taza frente a mí, con una cucharita que él mismo removía con energía.

Como lo veía tan eléctrico a esas horas intempestivas, me quería asegurar de que a mí no me iban a dar nada que yo no quisiera. Eran los ochenta y la gente de la industria en general andaba muy loca.

—¿Qué va a llevar un té de miel? ¡Pues miel de abeja! —me respondía Camilo entre divertido y enojado por mi desconfianza. ¡Éramos tan diferentes! Y él lo sabía.

Nuestras noches de trabajo tenían un ritual que pronto comencé a detectar. Él entraba al estudio triste y apagado. Se sentaba frente a la mesa de mezclas y, como si le entrara un espíritu que lo poseyera de repente, alzaba los brazos, daba dos palmadas muy teatrales al aire y le cambiaba la cara. Sus ojos despertaban, sus dedos se movían rápidos por los botones, y sin parar de crear con pasión nos daban las seis de la mañana.

A esas horas, Mercedes y yo regresábamos muertas del cansancio a nuestro hotel en la Gran Vía. Cuando entrábamos al *lobby* apenas estaban abriendo la cafetería. Con enormes ojeras y más trasnochadas que el sereno, intentábamos comer algo antes de irnos a la cama. Pronto nos dimos cuenta de que los empleados del hotel nos miraban raro y tuvimos que explicarles que no éramos mujeres de la vida alegre... que no éramos prostitutas de la zona de Malasaña.

—No, miren, es que venimos de grabar un disco con Camilo Sesto —les explicaba muy inocentemente.

Ellos estallaban en risotadas. ¡Sé que nunca nos creyeron! En ese hotel, la rubia despampanante que aparecía cada mañana con el rímel corrido era lo que era y lo demás palabrería de loca soñadora.

Algunas tardes, mi misterioso productor y maestro enviaba a su chofer para que nos recogiera a eso de las cinco.

—Vamos a desayunar juntos —nos invitaba feliz paseando por la enorme cocina.

Y a esas horas nos servía huevos, café y deliciosas torrijas. Viéndolo vivir en esa extraña soledad, siempre rodeado de gente que corría a abrirle la puerta o a servirle otra taza de café, yo sentía cierta ternura por él.

—Chary, mi amor, te ves acabada... te ves cansada —me bromeaba con ironía.

Le gustaba hablar con sarcasmo. Su sentido del humor era así, como el de muchas mentes inteligentes.

—¡Ya lo tengo! Tu disco se va a titular *Verdades desnudas* —me dijo en uno de esos desayunos a media tarde, cuando sólo nos quedaba una semana para concluir el proyecto—. Quiero que te desprendas de todo lo que has acumulado hasta ahora, que te muestres tal como eres, que te quites todo... quiero cortar ese pelo.

Yo pensé que se había vuelto loco con tanto café que estaba tomando, pero recordé el consejo de Ángelo que me dijo que no lo contradijera cuando se le ocurriera alguna gran idea, así que asentí con la cabeza.

—Perfecto. Mañana te voy a llevar con mi peluquero, Alexander. No se diga más.

—Bueno, sí, pero tengo que llamar a Elín para contarle... —intentaba escaparme de esa situación.

—No le digas a tu esposo nada porque el que manda ahora soy yo —me ordenó Camilo sin dejar espacio para protestar—. *Verdades desnudas...* ya me imagino la portada sin esa melena que llevas. ¡Te quiero desnuda de cara, desnuda de todo!

Amén Jesús. No había más que hablar. Le pedí que esta vez, en lugar del tecito con miel habitual, me sirviera aquella copa que semanas atrás no me quise tomar. ¡La iba a necesitar para enfrentar tanta «desnudez»!

20

DE PELUQUERÍA CON CAMILO

A la mañana siguiente, desperté rezando para que a mi maestro y productor se le hubiera olvidado su gran ocurrencia de la tarde anterior. ¡Pero no corrí con esa suerte! Camilo salió de su cueva, la que nunca abandonaba a la luz del día, y me vino a buscar para llevarme personalmente al salón de belleza que regentaba el tal Alexander, famoso estilista francés.

En el camino, me percaté de la gran adoración que los españoles sentían por mi fabuloso anfitrión. Muchos lo reconocían por las calles del centro de Madrid y querían saludarlo. ¡Le rendían verdadera pleitesía! Cuando llegamos al salón, Camilo dio instrucciones de lo que quería:

—Algo drástico, algo rotundo.

—Charytín —me advirtió Alexander con tijera en mano— te voy a cortar el pelo y tu vida va a cambiar para siempre. A partir de hoy habrá *un antes y un después.*

Los dos se retiraron a una esquina y en cuchicheos acordaron más detalles. Cuando regresaron, yo me acaricié mi larga melena que para entonces lucía muy rubia con los tintes que me ponía, y les dije:

—Estoy preparada. Sí, corten.

El estilista cortó y cortó. Esas tijeras no hacían más que sonar: *tras, tras, tras, tras*. Después me puso el nuevo color: un platino casi blanco. A ese punto comprobé algo que yo siempre sospeché: que la naturaleza se equivocó conmigo, que yo no nací para castaña clara ni rubita dorada. Lo mío es lo platino. Yo no soy «La Rubia de América», soy «La Rubia Platino de América».

Cuando Alexander retiró la capa negra de mis hombros y Camilo comenzó a aplaudir lentamente, feliz con el resultado, me miré en el espejo con detenimiento y casi me da un ataque. Mi nuevo corte era dramático, geométrico. Se me veían las orejas, la nuca, y parecía un niño asustado.

—Ay, cielos, ahora *sí* me siento desnuda —alcancé a decir.

—Hostia, esto es, esto es... —Camilo se había quedado sin habla.

Del salón fuimos a comer y todo el mundo nos miraba; sólo que ahora, la mayoría de los ojos se posaban en mí, no en el famoso cantante. Él tampoco dejaba de mirarme fascinado.

—Querida, con tu nuevo *look*, siento que hasta yo me volví invisible —se burlaba de mí con su acostumbrado sarcasmo.

Recuerdo que me levanté para ir al baño y entonces supe que algo había cambiado en mí. Yo estaba acostumbrada a que me miraran, era una artista reconocida en mi tierra y llamar la atención no me molestaba, pero jamás me habían mirado como me estaban mirando ahora. ¡La gente no podía disimularlo!

—Mi amor, relájate —me intentó calmar Camilo cuando volví a la mesa—, a partir de hoy tienes pelo que no te tapa la cara y eso es lo que yo quería ver en ti. Ésta será la portada de *Verdades desnudas*: un primer plano con este *look* de bomba *sexy*.

Pero no todos estuvieron tan contentos con este nuevo *look* de «bomba *sexy*». Una vez terminada la última canción y el último té con miel de madrugada, y una vez que hicimos la sesión de fotos para esa portada que Camilo diseñó con tanto detalle, partí rumbo a Puerto Rico. Nunca me olvidaré de la cara de Elín cuando me vio.

—¿Pero qué te hicieron? —el hombre no sabía si besarme, abrazarme o salir corriendo.

Mi dulce Shalim fue quien rompió el hielo y se lanzó a mis brazos, feliz de ver a su mamá. Los niños, como los cachorritos, no se dejan engañar por las apariencias. Ellos sólo se guían por la esencia y la esencia de su mamá, con pelo o sin pelo, estaba presente.

—No es que me disguste —me explicó Elín una vez que superó el *shock* inicial—, es que nos vamos a tener que acostumbrar; eres otra, esto va a cambiar muchas cosas, sin duda.

Inteligente y astuto, como buen productor, Elín intuyó las ventajas que mi cambio nos traería artísticamente. En los ochenta eran pocas las mujeres que se atrevían a lucir cortes tan drásticos. En tiempos de melenas leoninas como las de Verónica Castro y Lucía Méndez, en las que se usaba un bote de laca diario para *tisiarlo* al máximo volumen, sólo un puñado de artistas osaron pelarse como soldados en tiempos de guerra, como lo hizo Brigitte Nielsen. La diferencia era que la Nielsen estaba hecha de pasta dura, deportiva y agresiva, y yo todavía era la jovencita un poco clásica que extrañaba su melena. «¡Señora Stallone!», me gritaban algunos al verme pasar por la terminal del aeropuerto de San Juan.

Debo aceptar que este nuevo corte tan extremo, medio andrógino, me hizo destacar y se convirtió en mi sello personal. Hasta el día de hoy, yo puedo ir con lentes y mascarilla por la calle y si no me cubro la cabeza la gente todavía me reconoce. Para mí, ir de incógnito significa ponerme gorra o sombrero. Punto. En cuanto me cubro el pelo, aunque la gente me vea el rostro, casi no me saludan. ¡Resulta cómico!

En toda esta transformación, yo nunca dejé de ser yo, aunque cambié en algunas cosas. Sin darme cuenta, empecé a caminar con más seguridad y a ser más libre y directa cuando quería expresar mis opiniones delante o detrás de las cámaras. Hoy diríamos que el corte de pelo me «empoderó» como mujer. Elín lo supo y no se molestó. Como siempre, pragmático y respetuoso, aplaudió mi nueva actitud de mujer valiente y más independiente. ¡Este hombre era único y no me cansaré de repetirlo! Jamás se sintió intimidado de caminar junto a mí, incluso ahora que hasta los ciegos volteaban a verme.

Una vez que mis dos hombres en casa me dieron el OK a mi nuevo pelo, me faltaba la aprobación de otro hombre clave en mi vida. Un hombre que en realidad también eran dos: Samy y Alex.

Samy Suárez, y lo digo con orgullo, antes de ser «el estilista de las estrellas», fue mi estilista, mi amigo del alma y mi gran confesor. Llegó a mi vida al poco de casarme, cuando lo contrataron para peinarme y embellecerme en un teletón en Miami. Ese mismo día surgió un *click* fantástico con él y con Álex, su esposo hoy en día, quien por entonces ya era su compañero inseparable. Para mí no hay Samy sin Álex ni Álex sin Samy y así ha sido durante más de tres décadas.

Recuerdo su elegante salón en Coral Gables y mi entrada triunfal a ese mundo de *glamour* y expertos en imagen. En el salón había un lienzo, una cortina de fantasía para dividir el espacio. Yo, tan despistada, pensé que era un muro de verdad, me recosté y... *¡pum!* ¡La caída fue espectacular! El papel se rajó y yo tumbé la supuesta pared, tumbé a tres mujeres que había cerca y tumbé a Samy que rodó conmigo por los suelos. ¡No pudimos parar de reír durante más de una hora! Entonces, en pleno caos y carcajadas, me dije: «Me los quedo de amigos para siempre; no puede ser tanta risa». A partir de ese momento, Samy y Álex me embelle-cieron casi a diario desde 1977 hasta 2001, cuando empecé con *Escándalo TV* y tuve que trabajar con otro equipo de profesionales igualmente fantásticos.

Con los años, Samy y Álex se convirtieron en «tío Samy y tío Álex» para nuestro Shalim, y hasta la fecha son familia para mi familia. De Londres a Tokio, de Roma a Bogotá, yo no me subía a un avión si no venían mis estilistas y amigos del alma conmigo.

Cuando la fabulosa pareja me vio con el nuevo corte de pelo, no se enojaron. ¡Al contrario! Les fascinó. Nunca fueron celosos con asuntos de trabajo.

—Yo te dije hace tiempo que teníamos que hacerte un corte radical, te dije que teníamos que subirle más al rubio que yo te ponía —me dijo Samy mientras me miraba con detenimiento—. Sólo te lo vamos a arreglar un poco para que causes más impacto.

¡Ay, Dios mío! ¿Más impacto? ¡Y lo logró! Samy perfeccionó el *look* dejándomelo todavía más corto, estilo cepillo. ¡Ahora sí que parecía un soldado alemán! Pero al público le fascinó el «toque Samy» y así me lo dejaban saber en mis programas y conciertos. Lo malo fue que, una vez que pasó el furor inicial por esta nueva imagen, comencé a notar miradas un tanto lascivas que me moles-taban. Los hombres empezaron a tirarse a mis pies de una manera más agresiva. Me decían cosas que antes no se atrevían. No llega-ban a faltarme al respeto porque la presencia de Elín los frenaba, pero veía en sus ojos lo que no me decían con palabras. Y a las mu-jeres también comenzó a causarles una extraña reacción. Me veían demasiado arrojada, como si yo fuera una descarada.

—¿Qué está pasando, Elín? —me cuestionaba yo confundida.

—Es el pelo. Ese corte hay que suavizarlo un poco; la gente lo siente muy sexual —mi hombre sabio y sereno volvió a buscar soluciones.

—¡Ay! ¿Pero cómo un corte de pelo puede provocar tanta cosa? —me quejaba yo sin entender.

Samy y Álex salieron a mi rescate. En pocas semanas fuimos dejando mi cabello un poquito más largo, tan sólo unas pulgadas, y pasamos gradualmente a un *look* un poco más dulce con las puntas más suaves y un poco onduladas. A partir de entonces, no he soltado mis rolos para nada. «El antídoto contra la lujuria», los llamaba Elín cuando me veía con esos inmensos tubos puestos a la hora de acostarnos. «Me puedo dormir al lado tuyo, Chary, pero no me pidas que te toque» me advertía, espantado de todo lo que me ponía en la cabeza (y que me sigo poniendo hoy). Con o sin rolos, nunca más dejamos crecer el cabello por debajo de la oreja. ¡Jamás! La nueva Charytín, desnuda o no, había llegado para quedarse. Debo confesar que una vez que me acostumbré a la *sexy girl* no quise volver a ser la niña romántica. Todo gracias a Camilo.

Es curioso. El pelazo de este gran intérprete y compositor también fue su fuerza, su magia y el centro de su imagen. Pero a mí me fascinaban más sus ojos de príncipe de leyendas. Unos ojos de un azul que no he vuelto a ver, tirando a turquesa y siempre tristes. Muchas veces yo me pregunté cuál era la pena que cargaba por dentro. Nunca supe qué era lo que mortificaba a este ser que vivía de noche, dormía de día y siempre daba la impresión de estar solo, muy solo.

Con los años me volví a cruzar con mi adorado Camilo en un par de ocasiones, pero nunca le mencioné lo del pelo y todo lo que su decisión ocasionó en mi vida. Hoy se lo agradezco desde estas líneas. Él, durante esas interminables sesiones en el estudio, a altas horas de la madrugada, me vio. Vio a la verdadera Charytín debajo de todo ese disfraz de niña inocente que yo todavía llevaba puesto. Él vio a la niña rara, a la niña diferente que siempre fui y que esperaba, paciente, su turno para salir y brillar sin pudor ante el mundo entero.

El guapo y misterioso Camilo no sólo terminó regalándome un disco que fue un éxito. Me regaló una nueva identidad y mi verdadera libertad durante esas noches en vela, mientras me preparaba esos delicados tés con miel.

21

EL BESO, LA RIVAL Y EL GALÁN

—*E*scándalo —dijo el alto ejecutivo de WAPA-TV—, la novela se va a titular *Escándalo*.

Esa palabra parece que me persigue siempre, pero no por razones personales. Yo no he tenido grandes escándalos en mi vida personal, pero me han sobrado en mi vida artística. Desde jovencita me gustaba decir: «Ay, ¡qué escándalo!»; y ahora hasta novela con ese nombre iba a tener.

—Y la otra protagonista será Iris Chacón —continuó anunciándonos el productor—. A ustedes todo el país las ve como rivales y esa rivalidad la tenemos que aprovechar.

Para entonces los medios ya habían generado un enfrentamiento inexistente entre nosotras. Eran titulares muy apetecibles entre la ex de Elín y la esposa de Elín: ambas artistas, ambas con *shows* de televisión y en el mismo canal. Resultaba muy tentador ver dramas donde no los había y no cesaban de compararnos a pesar de que siempre fuimos muy diferentes y de que nuestras vidas no se cruzaban para nada.

La novela que nos proponían, lógicamente, nos uniría bajo la historia de un hombre que se debatía entre el amor de las dos. Una sería la esposa con una hija y la otra el nuevo romance.

Curiosamente, yo sería la recién llegada e Iris quedaría en el rol de primera esposa. ¡Todo parecido con la realidad no era pura casualidad! La exitosa guionista Celia Alcántara y su equipo de escritores se divertían alimentando ese morbo que a todos tanto nos gusta escuchar en los cuentos de vidas de parejas.

—Mira, Chary, a mí me parece que esta novela pinta muy bien, pero tú decides —Elín me animaba a aceptar el proyecto, aunque yo ya era muy independiente y tomaba mis propias decisiones.

Cuando di el sí a la novela me enteré de que Iris también había aceptado; de esta manera supe que no me equivoqué en mi decisión. ¡Entre las dos lograríamos que fuera un éxito!

Para entonces, Elín y yo llevábamos más de diez años casados. Iris y yo sólo nos habíamos visto en persona en contadas ocasiones, como en una fiesta grande del canal donde las dos trabajábamos. Esa noche yo llegué embarazada de Shalim y ella con su niñita preciosa, Katiria, de año y medio. La prensa se volvió loca con los *flashes* y los empujones. ¡Casi tuvimos que irnos para que se calmara la cosa! Mi barriga de ocho meses era enorme y los fotógrafos se morían por vernos juntas en nuestros nuevos papeles de mamás. Yo no entendía mucho esta obsesión. Lo de Elín era agua pasada. ¡Pasadísima! Iris era feliz en su nueva vida, con su nueva pareja, y yo también. Pero el público y los medios nunca dejaron de reescribir nuestras vidas con mucho sazón: que si no nos saludábamos, que si no queríamos trabajar juntas, que si una cobraba más que la otra, que si nos odiábamos. A veces era divertido; a veces, tanto ruido sin fundamento me resultaba agotador.

Ahora con la novela, ahí estábamos de nuevo: una junto a la otra en plena rueda de prensa, para anunciarle al mundo nuestro «verdadero *Escándalo*». Yo de blanco, ella de amarillo. Yo de seda, ella de lino. ¡Nos veíamos espectaculares! ¿Y el galán? El galán por el cual pelearíamos ante la cámara sería el más solicitado del momento, Andrés García, quien llegaba de cosechar grandes éxitos con una novela junto a Lucía Méndez. Sin embargo, siento decir que el galán de moda en toda Latinoamérica se hizo invisible en esa rueda de prensa. Las cámaras se obsesionaron con nosotras al vernos juntas, mientras nuestros respectivos esposos, Junior Farías y Elín Ortiz, conversaban muy a gusto. Los dos se llevaron siempre a las mil maravillas durante las poquitas veces que se vieron, sin rastro de tensión.

Pero fuera, desde las calles de San Juan hasta Nueva York, éramos dos parejas antagónicas y no se hable más. Así, bajo la curiosidad de miles de ojos, arrancó la filmación de la novela y pronto me percaté de algo inevitable: Iris y Andrés no congeniaron. Ninguno fue grosero con el otro, los dos se portaron muy profesionales, pero no hicieron *click*. Así es este oficio. Hay veces que tienes química con tu compañero y otras no.

Creo que esta distancia entre ambos comenzó cuando Iris no quiso dar besos en la novela, lo cual se estableció por contrato. La famosa artista estaba iniciando su dedicación religiosa y los productores tuvieron que respetar sus deseos. Celia encontró fácil solución: «¡que todos los besos se los dé Chary con Andrés!», dijo la gran escritora sin darle más vueltas. Pobre Andrés, no tuvo más remedio que besuquearse conmigo en cada episodio para mantener la llama viva entre los televidentes, deseosos de escenas románticas.

Y de todos esos besos que me tocó representar, hubo uno que marcó historia y creo que por un tiempo hasta entramos en el Guinness World Records. Fue el beso más largo que dos personajes de ficción se dieron jamás en una telenovela.

Yo ya tenía la experiencia de *Prohibido amar en Nueva York*, pero fuera de ahí, al único hombre que había besado de verdad era a Elín. De este beso con Andrés, en plena escena apasionada, recuerdo claramente mis pensamientos: «Dios mío, Dios mío, que diga algo el director, por favor». Y nada... nadie gritaba «corten». Yo seguía con el beso y Andrés, *entradísimo*, me besaba de verdad. ¡Terminé dándome mi «mate» con el galán *number one* del momento! Porque eso fue un verdadero «mate», con abrazos y caricias incluidas. No fue un beso sólo de boca, sino de cuerpo entero, largo, romántico y sutilmente fuerte.

—Oye Chary, vamos a tener que pedirle a Elín que nos deje una noche, aunque sea una sola, en un hotel por favor —bromeó Andrés cuando finalmente cortaron la escena.

—¿Cómo te atreves? Esas cosas no se le dicen a una mujer casada —le respondí intentando recuperar el aliento mientras todos estallaban en risas—. ¿Y usted, por qué no cortó esta vaina? —le reclamé al director de piso.

—Chary, no te quejes, que besaste a este hombre que está bien *pegao* —me contestó el director, feliz con la escena que acababa de grabar.

Y al besazo le siguió una sesión de fotos muy ardiente que hicimos juntos para *TVguia*. Posando con mi bata transparente, más que *sexy* me veía erótica. ¡Ay, Dios mío!

—¡Qué lindas quedaron las fotos! —exclamó Elín, muy quitado de la pena, cuando las vio.

—Elín, ¿pero tú me quieres? —no pude contenerme y le pregunté preocupada.

—Claro que te quiero. Ése es tu trabajo y tienes que hacerlo bien —me contestó divertido con mis ocurrencias.

—Coño, Elín, tú sí que eres raro, porque ese beso era para divorcio —le dije intentando sacarle una reacción.

Lo único que hizo fue sonreírme. A estas altura, yo tenía muy asumido que en mi matrimonio ni las minifaldas ni los compañeros de trabajo podrían despertar peleas. Así como mi madre vivió y sufrió todos los celos del mundo, yo nunca viviría nada de eso. ¡Qué gran diferencia! Yo no sé si hubiera podido soportar a un esposo celoso después de lo que presencié entre mis padres durante mi infancia.

A ese «beso de divorcio» le siguieron tres más, a los cuales, mucho más espabilada, les ponía punto final sin esperar las órdenes del director. ¡Ay, no! Yo no iba a volver a caer en la misma trampa. Cuando consideraba que habían pasado suficientes segundos para grabar una buena toma, yo misma gritaba: ¡coooor-ten! Porque si hubiera sido por Andrés y el director, hubiéramos seguido con el bendito besuqueo hasta el amanecer.

¿Y el verdadero escándalo que la gente esperaba entre tanto episodio y romance? Ni fue Iris ni fui yo. Nosotras no tuvimos problemas y hasta nos llevábamos flores y chocolates a nuestros camerinos como obsequios de respeto y cordialidad. No llegamos a ser amigas, pero tampoco enemigas, sin dramas baratos que contar.

El drama llegó por otro lado que nadie vio. A mitad de la novela y por decisiones que nunca nos explicaron, los ejecutivos decidieron que Andrés tomara las riendas del guión y que reescribiera ciertas partes. Esas nuevas escenas harían que su personaje se convierta en una especie de James Bond que saltara de aviones y que piloteara yates en persecuciones a alta velocidad. Los *ratings*, que no iban nada mal, decayeron un poco y el *escandalazo* con el que dimos comienzo se fue apagando. Iris y yo nos mirábamos con cara de resignación y decidimos quedarnos calladas. Ni siquiera la experta Celia Alcántara, autora de éxitos legendarios como *Simplemente María*, pudo oponerse a las decisiones de Andrés.

¡Ay, si nos hubieran dejado a la Chacón y a la Goyco escribir esas escenas! ¡Otro gallo hubiera cantado!

Aunque mi verdadero problema con Andrés no fueron los besos ni los *ratings*. El alegre mexicano era un tipo divertido y agradable, que se sabía ganar a la gente con su sonrisa de película y su encanto irresistible. Lo que nos sacaba de onda eran algunas de sus extrañas «ocurrencias». A mí, en particular, me tocó ser el centro de una de ellas.

Fue durante mi fiesta de cumpleaños que ese año decidimos celebrar en mi casa. Decoramos todo el jardín para la gran ocasión y yo pasé el día acicalándome para estar bella para mis invitados. Andrés llegó muy temprano. Recuerdo perfectamente que los camareros todavía estaban colocando flores y poniendo la comida en bandejas.

—¡Qué bella estás! —me saludó con un cálido abrazo y luego se sirvió una copa—. Tu piscina está espectacular, vamos a verla.

Elín y yo comenzamos a caminar a su lado hacia la orilla del agua que destellaba con los rayos azules de la tarde cuando de repente noté una mano en mi espalda y un fuerte empujón que me hizo volar por los aires. ¡Plas! Caí al agua como pato mareado. Asustada, casi me ahogo y no sabía cómo salir a la superficie. Cuando finalmente logré sacar la cabeza, escuché sus risas locas. ¡Andrés se estaba riendo de su broma de mal gusto como si se tratara de la mejor idea del mundo! Yo no daba crédito.

En esta patética escena, mientras yo salía de la piscina como fantasma de película japonesa, con el rímel corrido por las mejillas, el vestido hecho un desastre, el pelo aplastado y mis pestañas postizas a medio despegar, lo que más me dolió fue ver la reacción de Elín. Su rostro se transfiguró. Estaba morado del dolor y la impotencia que sentía ante semejante afrenta. ¡Me dio tanta pena verlo así! De morado, su rostro pasó a pálido y no le salían las palabras. Creo que es la única vez en mi vida que he visto a Elín quedarse sin habla. ¡Pero yo sí que podía hablar y hablé!

—¡Yo te voy a matar! —le grité a Andrés a la vez que le tiraba mis tacos a la cabeza—. ¡Yo te voy a matar, desgraciado!

Le dije hasta de lo que se iba a morir, correteándolo alrededor de la maldita piscina hasta que Elín y los empleados que contratamos para la fiesta lograron calmarme; luego me arrastraron hasta dentro de la casa para poder secarme, volverme a vestir, maquillarme y peinarme un poco. Yo hice todo lo posible para verme presentable otra vez. Mientras tanto, Andrés aprovechó para escapar y evitar enfrentarme.

Para mí, esta estúpida broma fue la cosa más pesadas que me han hecho en mi vida. Ni siquiera cuando era niña tuve que pasar por algo así con mis compañeritos de escuela ni con mis primos o amistades de Santo Domingo.

Me había tomado dos horas de peluquería, dos de maquillaje profesional y dos horas más para ultimar los detalles de mis alhajas, broches y zapatos que combinaran a la perfección con el vestido que había elegido para tan señalada velada. Todo se fue para el carajo en menos de un segundo. Mi cumpleaños arruinado, y todo por la culpa de una broma de mal gusto. Andrés me jodió la fiesta antes de que empezara. Yo ya no la pude disfrutar, todavía en *shock* por lo sucedido, y con mi pelo mal peinado y un vestidito «equis» que tuve que ponerme a último minuto.

Dos días después de este «atentado terrorista», nos tocaba grabar una escena juntos. El hombre, arrepentido de su acto, mandó flores a mi camerino y muchos mensajes con la gente del equipo de producción, rogándome que lo perdonara. Como yo no le contestaba, vino en persona. Ahora, el rostro pálido y compungido era el suyo. Sus palabras fueron honestas, sonaba verdaderamente arrepentido. Recuerdo que yo le dije:

—Sí, sí, olvidemos lo pasado y salgamos a grabar esa escena. No puedo continuar enojada contigo porque tengo que seguir besándote allá afuera. ¡Pero ni sueñes con que yo te invite nunca más a mis fiestas! Tú bésame y cállate, que para eso te pagan, y nada más.

Al cabo de los meses, debo confesar que lo llegué a entender y a tomarle cariño a pesar de sus locuras y sus extrañas ideas. Andrés, en el fondo, no tenía maldad ni malos sentimientos. El problema era que en esa época todo el mundo le hacía la ola y él, joven e invencible, no se bajaba de la cresta. He observado este fenómeno en muchos de mis compañeros. Son cosas del oficio. Ésta es una profesión que si no la sabes manejar con cuidado, te puede inflar el ego hasta hacerlo estallar como globo y ¡puf!, después no queda nada, sólo «aire y humo».

Cuando la novela terminó, nuestras vidas se separaron y Andrés y yo no volvimos a coincidir en ningún proyecto durante largo tiempo. Una década después, nos vimos en un *show* de moda en Miami. Yo estaba desfilando. Cuando salí a la pasarela y comencé a caminar al ritmo de la música de la película de *Rocky*, lo vi sentado en primera fila. ¡Era el mismo de siempre! Guapo, sonriente, rodeado de bellezas, curiosos, cámaras y periodistas. «¡Bravo, Charytín!», me gritó acompañando su saludo con fuertes aplausos. Me alegré infinitamente de verlo feliz, en su ambiente. No pude evitar recordar aquel beso sin fin y le sonreí de regreso con un guiño de ojo.

¿Y con Iris? Con mi rival número uno no hubo enojos ni

empujones ni zancadillas que nos aventaran a la piscina. Sólo al final de la novela tuvimos un *problemita existencial*, un asuntito de «vida o muerte»: ¡ninguna queríamos ser asesinadas en la trama! Cuando se acercaban los últimos capítulos las dos exigimos a Celia, quien había retomado el control del guión, que no podía matar a nadie. Queríamos terminar la última escena juntas, presentes. Nada de que la Chacón o la Goyco trabajara un capítulo menos que la otra, o que una de las dos cerrara con broche de oro el proyecto.

No éramos enemigas, pero sí había una rivalidad, una competencia artística como la que tienen los actores: todos queremos brillar, todos queremos el papel estelar, y nadie quiere morir en el capítulo veinte. Es como el atleta que va a las olimpiadas: no sueña con la medalla de plata, ¡lucha por la de oro! Artista que niegue esta competencia laboral no está siendo honesto. El juego es así e Iris y yo sabíamos jugar como campeonas. De hecho, tengo que admitir que ella a veces era mejor jugadora «olímpica» que yo.

Un ejemplo de sus habilidades fue la famosa escena del bote. Teníamos que repetir varias tomas en un barquito y, en esta ocasión, Iris apareció con un atuendo diferente al programado por el equipo de vestuario. Con ese cuerpazo espectacular, la audaz actriz decidió ponerse sólo un *brasier* y unos *pantis* súper *sexy* ¡y causó conmoción! Me robó la escena como decimos en nuestro gremio. ¡Me la robó bien robada!

Yo no me enojé. Mejor, tomé nota y aprendí para la próxima. Cada una metíamos gol con lo que Dios nos dio, y ese juego a mí me parece justo.

Y así, con el respeto y la distancia de rivales, terminó *Escándalo*. Nuestras vidas retomaron sus cauces y cada cual se embarcó en sus propios dramas personales. Dramas reales, no como esos que inventaban entre nosotras. Porque mi vida, como la de Iris y la de muchas de mis colegas de oficio, no ha sido un lecho de rosas ni una novela rosita con final feliz donde tú escribes lo que quieres que te pase y borras lo que no te agrada. ¡Ojalá pudiéramos borrar y editar a gusto como lo hacía la gran Celia Alcántara, que en paz descanse!

A mí, en particular, en el guion de mi vida me esperaba uno de mis peores episodios como mujer y con eso que yo tanto añoraba: volver a ser mamá.

22

PELEADA CON DIOS

—Quiero embarazarme, quiero, quiero, quiero. Quiero otro hijo y punto —le dije a mi querido mánager.

—Si ése es tu deseo, adelante —me respondió él con mucha honestidad y respeto—. Pero te tengo que informar que yo no podré seguir trabajando contigo. Una artista embarazada no puede mantener el ritmo tan duro que requiere grabar, ir de *tour* y ser parte de las grandes producciones en diferentes países.

Con estas palabras, de manera civilizada y con cariño, Ángelo Medina dejó de representarme artísticamente después de varios años de éxito juntos. Eran otros tiempos. Ángelo fue totalmente comprensivo. Él no tenía la culpa de que la industria fuera todavía tan machista. Por aquellos tiempos, un embarazo significaba el final de una carrera para muchas mujeres y para sus sueños profesionales.

«¡Já!», pensé yo después de despedirme de Ángelo, «como si esto de embarazarse fuera cosa de apretar un botón y ya está». Yo llevaba más de cinco años desesperada y obsesionada, deseando quedarme encinta. Shalim había cumplido nueve años y yo me preguntaba: «¿Será este mi destino, ser madre de un hijo único? ¿No más bebés en esta casa?».

Yo hacía lo imposible para que esos misteriosos *tests* de embarazo que compraba en la farmacia dieran positivo. Perseguía a mi esposo con el termómetro basal por la casa, dejé de ponerme los incómodos rolos antilujuria para acostarme y me tomaba todos los suplementos y vitaminas que me recomendaban las amigas y comadres.

—Vamos, estoy ovulando —le anunciaba a Elín, sin importar que estuviéramos en casa o en un hotel de cualquier ciudad del mundo.

—OK está bien, lo que tú quieras —me decía el pobre, resignado.

Gracias a Dios, mi esposo siempre pudo complacerme en estos asuntos. De no haber sido así, si hubiera existido ya la Viagra, hasta la dichosa pastillita azul le hubiera dado para que no me fallara ni una noche. Yo creo que él cedía a todas mis demandas porque nunca pensó que me iba a volver a quedar embarazada. Yo, por mi parte, admito que pasé años muy frustrada. Mi carrera no podía ir mejor con mi *show* de televisión en varios países, me seguían llamando para infinidad de películas y mis discos me llevaban a actuar en lugares tan legendarios como el Madison Square Garden y el Carnegie Hall. Y ahí estaba yo otra vez, como antes de que naciera Shalim, pensando sólo en bebés y llorando cada vez que veía a una mamá feliz empujando un carrito por la calle. Sin darme cuenta, dejé de saborear las cosas lindas que la vida me estaba regalando. En casa, a través de la pantalla de la televisión, miles de familias veían a «La Rubia de América» reír, bailar, ser feliz. Cuando esa pequeña pantalla se apagaba, la rubia se iba a casa a buscar el termómetro y a anotar en su calendario cuándo terminaba su ciclo menstrual y empezaba otro. Y otro y otro y otro. ¡Ese ciclo nunca se detenía! Yo sentía que mi reloj biológico no me dejaba dormir con ese ruidoso *tic-tac* en mi cabeza.

—Entonces, el tarot me mintió, ¿cómo que tres hijos si no puedo ni con el segundo? —yo ya no sabía a quién echarle la culpa.

Una mañana, al mirar mi libreta donde anotaba todo, me llevé la mano al vientre y pensé:

—Hmmm, qué raro, tengo un retraso.

Sin avisar a nadie, agarré mi bolso y me fui para el doctor pensando que tal vez tenía las hormonas mal o alguna otra cosa.

—En efecto, tiene las hormonas bajas —me anunció tranquilamente mi fiel ginecólogo Natalio Bayonet—, pero también está usted embarazada.

¡Alegría total! Casi me desmayo de la dicha. Regresé a casa y di la noticia a la familia. ¡Yo no podía guardar este secreto ni un segundo! Elín y Shalim se quedaron en *shock* y poco a poco empezaron a compartir mi entusiasmo. En menos de dos semanas ya se había enterado toda la prensa, aunque yo nunca lo confirmé públicamente. Afortunadamente tenía suficiente trabajo en Puerto Rico y en mi querido Santo Domingo, así que en esos primeros días me limité a programas de televisión. Cuando me tocaba bailar en algún espectáculo, Elín, emocionado de volver a ser padre, me pedía que no me agitara mucho, que sólo marcara los pasos y dejara a los bailarines hacer el resto. Y así lo hice. Juro que me cuidé más que nunca.

Recuerdo con especial cariño mi presentación en el Hotel Jaragua en la capital dominicana, donde salí flotando entre un coro de niños preciosos; porque de tanta dicha que sentía no caminaba, flotaba. Yo levitaba escuchando esas voces angelicales. Cuando terminó el *show* los periodistas me gritaban: «¿Es cierto que estás embarazada? ¿Para cuándo la fecha? ¿Qué nombre le van a poner?».

Si el embarazo de Shalim fue mediático, este pintaba que iba a serlo mucho más. Yo era más popular y también existían más publicaciones y programas dedicados a los famosos. Con Shalim llegué a posar para siete portadas de revistas, y ahora sin tan siquiera confirmar el fuerte rumor, me pusieron en más de treinta titulares de primera plana. ¡Qué locura! «Charytín espera su segundo hijo... Tras diez años, Charytín vuelve a ser mamá... Charytín no desmiente rumores de embarazo». En mi vida nunca he tenido más proyección en medios que cuando estuve embarazada. Es un fenómeno extraño que les sucede a casi todas las artistas del mundo. Se monta un *embuyo* que llena al público de alegría y esperanza. La noticia de un embarazo vende más que la de una boda o un divorcio, para que luego digan que un embarazo es lo peor que le puede pasar a la carrera de una artista. ¡Y lo digo yo!

—Caramba, Elín... tú, Ángelo y todos diciéndome siempre que ser madre no era bueno para mis proyectos y mira, está sucediendo lo contrario. Ahora todos me quieren ver y me quieren hablar —le comenté a mi esposo.

—Bueno, tienes razón —el futuro papá admitió que estaban equivocados—. Eso es porque la gente quiere historias felices, finales felices, y nada más feliz que la llegada de un bebé.

Y como una mala premonición, este bebé que alegre crecía en mis entrañas, no iba a traer final feliz. Todo empezó con otro de mis sueños; esos sueños que tanto temo y que siempre regresan cuando menos lo deseo.

Era temprano, el sol apenas se colaba por las espesas cortinas de terciopelo de nuestra habitación en San Juan, cuando desperté asustada y bañada en sudor. La pesadilla que acababa de tener seguía presente en mi mente: estaba en un hospital extraño, que no conocía, y alguien me daba un periódico. En la primera plana del diario había unos agujeros, como que alguien recortó mis fotos y las rompió en mil pedazos con violencia. Yo me echaba a llorar desconsoladamente, gritando de dolor.

Respiré profundo, caminé hacia la ventana y abrí las enormes cortinas para dejar que el sol entrara y me borrara de la cabeza la desagradable pesadilla. A la hora del desayuno le conté a Elín y a Shalim.

—Seguro que no es nada, mami, sólo un sueño tonto. Yo a veces también tengo pesadillas —me tranquilizó mi hijo, quien desde niño hablaba como un viejito, siempre tan sensible y juicioso.

Elín, en cambio, volvió a enfrentar este asunto de mis sueños con silencio y con tristeza. En ese momento, cuando Elín bajó los ojos y se quedó callado en medio del desayuno, sentí la muerte de mi bebé. Fue una corazonada fuerte, sin detalles y sin imágenes, pero tan real como estas palabras que aquí escribo. Las próximas veinticuatro horas fueron las más angustiosas de mi existencia.

Esa misma noche, mi gran amiga y respetada periodista puertorriqueña Yolanda Rosaly iba a pasar por casa. Habíamos quedado que nos veríamos para coordinar una exclusiva de mi embarazo. Yo ya estaba de dos meses y medio y la gente quería saber algo más de lo poco que había podido contestar a los micrófonos de los reporteros que me esperaban a la salida de mis *shows*. En particular, el periódico *El Nuevo Día* donde ella trabajaba quería una entrevista en regla, un *one on one* en profundidad. Quería saber cómo me sentía y qué planes teníamos con Elín para este nuevo bebé y para mi carrera. Consideramos que, como ya se habían cumplido las primeras doce semanas sin complicaciones, era hora de anunciarlo de manera más seria.

Justo cuando Elín se disponía a ir a buscar a Yolanda con el carro, yo estaba terminando de maquillarme en el baño. Como de costumbre, Shalim jugaba feliz a mi lado. De repente, miré su carita de terror en el enorme espejo con su boca abierta y sus enormes ojos fuera de sí.

—¿Mamá, qué es eso? —me preguntó señalando al suelo junto a mis pies.

Cuando dirigí mi mirada a las losas del piso, me sentí morir. El rojo de la sangre que caía por mis piernas formaba una mancha enorme. En menos de un segundo, el corazón se me heló con el frío más hiriente que jamás he sentido. Lo único que recuerdo a partir de esa imagen es el llanto inconsolable de Venecia, nuestra querida y amorosa empleada, y la cara de mi hijo que estaba ahí y lo vio todo.

Fue Shalim quien salió llorando y llamó a Elín, pidiéndole que no se fuera a buscar a Yolanda y que algo terrible estaba pasando. Entre Elín y Venecia me subieron al carro, pero no recuerdo el trayecto. Al llegar al hospital recuperé un poco el habla y empecé a implorarle al doctor:

—Por favor, déjenme acostada... si me quedo así, tendida en la cama, no lo perderé.

—Chary —intentaba calmarme mi querido doctor Bayonet, pero no sabía qué palabras elegir—, lo siento mucho. Se trata de un embarazo ectópico, el embrión está fuera del útero y tenemos que extraerlo.

Nuevamente mi memoria se borra y no recuerdo más, hasta que desperté en la fría cama de la sala del postoperatorio y me llevé la mano a mi vientre vacío. No me salían ni las lágrimas. De

tanto dolor, sólo sentía ira, coraje, rabia contra el mundo entero.
A la media hora me subieron a una de las habitaciones donde iba a
descansar hasta que recuperara las fuerzas y pudiera regresar a mi
casa, a mi recámara que Venecia habría limpiado con ahínco para
que no quedara ni rastro de las enormes manchas rojas que iban
desde el baño hasta la puerta.

Cuando las enfermeras se disponían a salir de la habitación,
cegada por esa ira sin control, me levanté como pude y de un pu-
ñetazo rompí el vidrio de la ventana. No sé de dónde saqué tanta
fuerza, pero ese vidrio estalló en pedazos. Ahora la sangre rodaba
también por mis dedos y mi antebrazo. Las enfermeras, que volvieron espantadas por el ruido, me intentaban calmar y alejarme de
todos los cristales regados por el suelo.

—¡Dios, no me puedes hacer esto, no me puedes hacer esto!
—repetía histérica entre el llanto y la rabia.

Las enfermeras me arroparon, me curaron la mano y jamás
dijeron una palabra a nadie sobre lo sucedido en esa habitación.
Los medios jamás se enteraron, el mundo nunca supo lo que la
alegre y dicharachera Charytín hizo o dijo entre esas frías paredes.
Sólo supieron que Elín y yo no seríamos padres de momento, que
el embarazo se había interrumpido por causas naturales; que no
habría exclusiva ni sesión de fotos ni final feliz con bebé, por lo
menos por esta vez.

Sin duda, eran otros tiempos. Los famosos gozábamos de
más privacidad y la gente respetaba las penas ajenas. Todavía nos
veían como seres humanos. Hoy, si alguien sufre un ataque de ira
y rompe un plato, se hace viral en Instagram y hasta ahí llegaste.
Te conviertes en el entretenimiento del mes, en la burla o en la
vergüenza de moda.

Pero hace décadas, cuando todavía ni soñábamos con teléfonos celulares, las enfermeras lloraron conmigo en esa triste habitación de hospital, me abrazaron y luego enterraron el secreto en su pasado como auténticas profesionales. Entre mujeres sabemos lo que esto duele y nadie quería hacer circo de una pérdida tan triste.

Esa noche, lejos de las miradas y los oídos del mundo, me dormí repitiendo estas palabras como poseída: «Dios, no me puedes hacer esto, tú no podías fallarme así».

A la mañana siguiente, lo único que me llevé de ese hospital dentro de mí fue una absoluta depresión que me duró más de dos meses. Samy y Álex me esperaban en mi casa para intentar consolarme. Mi mamá y mis hermanitas, todavía jovencitas, volaron a mi lado también. Entre todos se turnaban para no dejarme sola. ¡Creo que se asustaron de veras! Yo nunca he sido depresiva, ni en los peores momentos de mi vida, pero en esta ocasión me cuentan que me cambió hasta la cara. Esta pérdida me doblegó, me tumbó. Acabó hasta con mi fe y mi amor a Dios, y lo debo reconocer. Mi único pensamiento era: «Yo, que tanto te recé, yo que siempre he sido buena creyente, que siempre respeté tu palabra, ¿por qué has permitido que esto me suceda?».

A mi dolor interno se le sumó el dolor externo. Si una desgracia duele, cuando se hace pública duele tres veces más. No me quejo, es el precio que tenemos que pagar los artistas por ser famosos, pero duele más y ésto lo pueden atestiguar mis compañeros. El constante recordatorio no deja sanar la herida y el drama es difícil de manejar cuando todos opinan: «Charytín pierde el bebé... Charytín devastada tras la pérdida de su embarazo... Charytín no será mamá y se acerca a los cuarenta».

En toda esta explosión mediática hubo algo que nadie supo,

sólo yo. Porque de aquel hospital no sólo salí sin hijo en mis entrañas. Salí sin Dios. Salí separada, divorciada del Señor.

La gente me veía triste y sin vida, pero no era tanto por mi pérdida física. Mi silencio era fruto de mi enemistad con Dios. Me costaba hasta respirar. Ni la luz del sol me calentaba. Es la única vez en mi larga vida que me he separado de mi Padre. La única ocasión en la que la vida, la bondad, las flores y mis seres queridos no tenían sentido para mí. Depresión crónica y pérdida absoluta de fe. ¿Qué más queda en el alma cuando ése es el diagnóstico? El antídoto a tanta amargura sería Shalim, mi hijo. A sus escasos diez años, tengo que admitir que fue él quien me sacó de mi oscuridad.

—Mamá, ¿puedo entrar? —me preguntó mi niño tímidamente.

—Sí, pasa, mi amor... pasa, pero sólo un ratico. Quiero dormir —le dije sin entusiasmo desde la oscuridad de mi cuarto.

—Mamá, yo creo que Dios se equivocó —me confesó con sus ojos negros enormes, sin pestañear.

—¿Cómo es eso? —exclamé a la vez que me levantaba de mi miseria y me sentaba de un brinco en la orilla de la cama.

—Mamá, Dios debió llevarme a mí y dejarte a tu bebé que tú tanto deseabas... —su carita se llenó de lágrimas—. Sí, que Dios te tendría que haber dejado al bebé para que no estés así, porque yo no te quiero ver llorar.

No pude contestarle inmediatamente, porque el llanto también se apoderó de mí y lo abracé con toda mi alma. Entre los sollozos, me di cuenta de que yo no lloraba por el sufrimiento de mi hijo, sino por Dios. Yo lloraba por lo que le había hecho y dicho a Dios, por mi distanciamiento y mi rencor hacia el Ser que más nos quiere en este Universo. Lo vi tan claro que no me quedó ni la

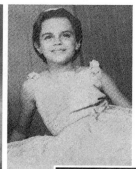

Celebramos el cumpleaños de mi hermana Isabel Laura Goico de Prieto, cuando ella tenía nueve años. El Seibo, República Dominicana.

Yo en España a los cinco años.

Graduación de *high school*, Colegio de la Inmaculada de Santurce, Puerto Rico, 1966.

Yo de dieciocho años. Ésta es la foto que Elín Ortiz llevó en su billetero.

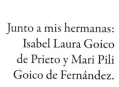

Junto a mis hermanas: Isabel Laura Goico de Prieto y Mari Pili Goico de Fernández.

En 1975, en mis comienzos y en pleno ensayo.

En el hotel El Embajador en 1974, *Espectáculo* (hecho por Elín Ortiz), primera presentación al mundo del espectáculo.

Promoción de «Las Rosas Blancas», 1975, especial de televisión que ganó un Peabody Award. Elín y yo como protagonistas.

Nuestra boda, el 17 de octubre de 1974, Club Naco, Santo Domingo, República Dominicana.

Elín y yo recién casados, en París para un especial de televisión, 1977.

Junto a mi esposo, Elín Ortiz, y el cantante Julio Iglesias. Evento-coctel de la disquera Columbia, 1975.

Cantando para *El show de Charytín*, 1984.

En *El show de Charytín* y como invitado José José, en los años ochenta.

Yo en comedia para *El show de Charytín* con Freddy Beras Goico y Yoyo Boing, en los años ochenta.

Elín y yo junto a nuestro primogénito Shalim Ortiz, febrero de 1979.

Novela *Escándalo*, 1986, «El beso más largo de la historia», con el actor Andrés García.

Novela *Escándalo*, 1986. Promoción con Iris Chacon, Andrés García y yo.

Grabando el CD. En 1985 lanza el disco *Verdades desnudas*, el cual fue producido por el cantante, compositor y productor español Camilo Sesto (con quien hice un dúo en ese disco).

Yo como «La Mosquita Muerta» junto a Lolita Berrio, que interpretaba el papel de «Herbie» para *El show de Charytín*.

En mi video de ejercicio y
nutrición *Pongase a valer*, 1991.

En mi *show Charytín Internacional*
por Univision, 1992.

Nacimiento de los mellizos Sharinna y
Alexander, 1990.

Yo en Japón haciendo un súper
especial para la Panasonic, 1989.

Sandro de América y yo
para *El show de Charytín*
en Puerto Rico, 1988.

Iris Chacón y yo en
preparación para la obra de
teatro *Enchimás*, 2018.

Junto a mi hija
Sharinna Allan en
Nueva York, 2021.
Foto de Chepe Jose

Junto a Jennifer Lopez en la
conferencia de prensa para
el lanzamiento de su disco
en español, producido por
Marc Anthony, 2007.

Especial para *Escándalo TV* con la Dinastia Rivera. En la foto están Jenni Rivera, su mamá doña Rosa y su hermano Gustavo Rivera, 2005.

Junto a Felipe Viel y Marisa Del Portillo en una reunión de amigos en la casa de Felipe.

Junto al cantante venezolano José Luis Rodríguez «El Puma» para el show *Charytín Internacional*, 1992.

Embarazada de Shalim junto a mi papá, el doctor Salvador Goico Morel, 1979.

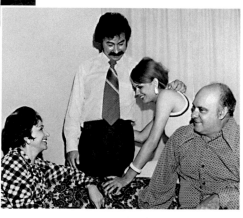

Yo, mi mamá, la doctora Charito Rodríguez de Goico, mi papá, el doctor Salvador Goico Morel y mi esposo, Elín Ortiz, 1974.

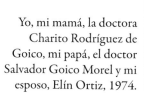

Elín y yo en nuestra renovación de votos en Disney World para el especial de televisión en Telefutura, 2007.

En la carrosa de Palmolive junto a los mellizos, Sharinna Allan y Alexander Goyco, para la parada puertorriqueña en Nueva York, 2000.

Junto a mi mamá, la doctora Charito Rodríguez de Goico, 2007.

Junto a mis hermanas, sobrinos e hijos en 2017.

menor duda: Dios me estaba enviando a Shalim para terminar con mi calvario y para regresarme junto a él, como hija pródiga.

—No, no digas eso, mi hijo, no llores, porque Dios no se equivoca nunca —lo consolé—. Todo lo hace perfecto, y por eso estás aquí conmigo, porque Dios lo hizo perfecto. Si alguien se tenía que ir era el bebé, pero tú jamás. Tú eres el gran amor de mi vida.

Sin pensarlo, me hinqué de rodillas y le di gracias a Dios por dejarme lo que más amaba. Le di gracias por tener junto a mí a mi madre, a Elín, a Shalim, a mis hermanas, a Samy, a Álex, a Venecia y a tanta gente buena y maravillosa que me arropaba y me cuidaba esos días. Le di gracias por mi trabajo, mis *shows*, mis canciones, mi público y hasta por el sol, la playa y los bosques. Le di gracias por dejarme vivir, por permitirme seguir respirando y amando.

—Venecia —llamé a la empleada mientras salía de la habitación como un torbellino—, hazme de comer. Tengo mucha hambre, ¡pero mucha! Dios da hambre y Dios está de regreso conmigo. Haz comida para dos.

Venecia me miró como se mira a una loca. Yo llevaba ocho semanas sin pisar la cocina, sin abrir cortinas ni prender luces. Me fui hacia la ventana y me senté al sol, a comer un delicioso zancocho dominicano con arroz blanco.

Cuando Elín regresó de trabajar y me vio bañada y peinada, danzando por la casa, no comprendía nada.

—Elín, Shalim me enseñó el camino al perdón más grande, y le pedí perdón a Dios por todo lo pasado y por cómo yo reaccioné —le confesé en mi pequeño éxtasis de amor—. Voy a pedirle perdón doce días seguidos.

Dicho y hecho. Con Elín y Shalim a mi lado, rezamos los tres durante doce días, dándole gracias al Señor. Sin escatimar en palabras, yo decía desde lo más profundo de mi corazón:

«Padre Todopoderoso, no merezco que nunca más en la vida tú me des un hijo por haber dudado de ti, no me lo merezco. Perdóname, Señor del Universo, te pido perdón; no merezco un hijo más, sólo quiero que tú me perdones y te prometo que con eso yo seré feliz. Sólo con tu perdón. Amén».

Pero, como siempre en esta vida, uno propone y Dios dispone. Dios y sólo Dios iba a decidir si yo volvería a ser mamá y bajo qué circunstancias.

Circunstancias que no serían fáciles, pero que ya no me distanciarían de Él. Yo enfrentaría mi próximo gran reto de vida sin cuestionar al Creador y sin dejar de rezar ni un solo día. Porque de ésta, juro que yo aprendí mi lección.

23

SE CUMPLE LA PROFECÍA

—No llores, mi querida Chary, porque yo veo dos niños más en tu vida. Dos, más Shalim suman tres. ¡Tres! —me afirmó el gran Walter Mercado en plena entrevista en mi *show* de televisión. Sonreí, frente a las cámaras, disimulando el dolor de mi pérdida. Por dentro, la duda me mataba: «Si lo dice Walter y me lo dijo el tarot, ¿será verdad?... ¿será que me puedo quedar encinta otra vez?». Para entonces, el gran psíquico y vidente era mundialmente famoso y nuestra amistad crecía.

Por cierto, Walter dio sus primeros pasos televisivos de la mano de Elín, ellos dos se conocieron muchos años antes de nuestra boda. Yo, desde que lo saludé la primera vez, hice un *click* muy especial con él. «Chary, tú y yo nos parecemos físicamente». Me decía el famoso astrólogo. ¡Y tenía razón! El parecido era impresionante, hasta el punto que alguna personas nos preguntaban: «¿Ustedes dos son hermanos gemelos, verdad?». Recuerdo en una entrega de los prestigiosos Premios ACE en Nueva York, donde personalmente alcancé récord de galardones, que el pícaro y chistoso Walter le dijo a la prensa: «Elín fue mi padrino en mi carrera, mi mentor, la única diferencia entre Charytín y yo es que Elín no se casó conmigo».

Volviendo a mi vida y a mis tribulaciones, habían pasado dos años de la desgracia de nuestra pérdida, y yo, después de hacer las paces con Dios y con mi destino, me había volcado de nuevo en el trabajo y en el cuidado de mi adorado Shalim. Con Elín seguíamos buscando embarazarnos, pero ya no con tanta insistencia por mi parte.

—Vámonos a Japón, la Panasonic quiere patrocinar un especial tuyo por todo lo alto —me anunció Elín, siempre entusiasmado con mis proyectos.

—Vámonos —acepté con total alegría. Un viaje vendría bien para distraerme un poco. A nadie le va mal cambiar de aires.

A esta aventura, aparte de Shalim que siempre viajaba con nosotros, se apuntaron mi mamá, Samy y Álex. Creo que todavía estaban preocupados por mí y no querían perderme de vista. En total volamos con un equipo de veinticinco personas a Tokio. ¡Una locura! Estábamos acostumbrados a estos *shows* internacionales y el nivel de estrés que suponían porque Elín se inventaba programas en todas partes. Ya habíamos grabado en España, París, Londres, Buenos Aires y hasta Marruecos. Eran los grandes tiempos de la televisión. El público quería ver *glamour*, lugares exóticos y grandes actuaciones; esta vez les íbamos a brindar eso y más desde el país del sol poniente.

La producción, a pesar de la enorme barrera del idioma, fue un éxito. Trabajamos duro y alcanzamos a grabar el especial completo que duraría dos horas. Al final, nos tomamos un par de días libres para pasear por las increíbles calles de Tokio y sus legendarios monumentos. Así fue como llegamos casualmente frente a uno de esos templos budistas donde tienen un muro con miles de muñequitos. Son pequeñas ofrendas que mujeres que desean embarazarse cuelgan allí con mucha fe. Yo esperé a que nadie me viera y recogí uno de esos muñecos de la caja. Tal como dicta la tradición, le puse un gorrito tejido y lo colgué en el muro entre cientos y cientos de otros muñequitos idénticos, sonrientes, todos en espera del milagro por cumplir.

Nunca he creído en otro Dios más que en mi Padre Creador. Soy católica y amante de Jesús, pero de esta pequeña experiencia yo iba a aprender que ese Dios que tanto amamos y respetamos, nos escucha en los lugares más insospechados. Para adorar a Dios y pedirle que nos honre con su bondad infinita, no sólo debes orarle en la iglesia. Él te escucha en la ducha, en la cocina, viajando en un avión o en Japón. Y a mí me escuchó esa mañana de turismo por aquel país asiático, tan lejos de mi casa y dentro de un templo de otra religión.

Esa misma noche tomamos un vuelo de regreso a Puerto Rico donde nos aguardaba más trabajo, especialmente en la post-producción de todo lo que llevábamos grabado. En pleno vuelo, cuando todos dormían mi Shalim, siempre tan conectado a mí y a todo lo que me sucedía, me dijo:

—Mamá, cuando nadie me veía, esta mañana puse un muñe-quito en el muro para pedir un hermanito y que tú estuvieras más feliz.

—¡Ja, ja, ja! —no pude contener la risa—. Mira mi hijo, de tal palo tal astilla, porque yo hice lo mismo. Puse otro muñequito, así que ya van dos.

Semanas después, estrenamos *El show de Charytín* en Japón y logramos los más altos *ratings*. Unos meses después nos llegó nuestra verdadera recompensa. Resultó que el muro y los muñequitos, por deseos de Dios, funcionaron mejor que todos los termómetros y calendarios de ovulación del mundo.

Me estaba preparando para una gira muy grande en Venezuela.

Para este viaje me tenían que hacer unas pruebas médicas por temor a algunas enfermedades tropicales.

—Le tenemos que hacer un test de embarazo —me dijo uno de los enfermeros de la clínica.

—No, no es necesario; no estoy embarazada —le respondí yo muy casual, sin prestar mucha atención.

—Es obligatorio, señora. De no ser así, no le podemos hacer las otras pruebas y ponerle otras vacunas porque podrían ser abortivas. Hoy le hacemos el test de embarazo y mañana regresa para las demás.

—Perfecto, hagámoslo y mañana vuelvo a completar lo que falte —accedí tan tranquila.

A la mañana siguiente, desperté con el canto de unos pajaritos en mi balcón. Docenas de pajaritos muy chiquiticos cantando como locos y revoloteando alegremente muy cerca del cristal.

—Eso es algo muy espiritual —me dijo Venecia—. Doña Chary, yo creo que vienen a decirle algo bueno.

Y ¡zas! El teléfono sonó y sin dejar que nadie lo contestara lo agarré primero. Justo a tiempo para oír las palabras más dulces que siempre quise escuchar:

—Señora Ortiz, usted está embarazada.

—¡Positivo, positivo, positivo! —me puse a gritar como una loca por toda la casa—. Di positivo. Di positivo.

—Dios mío, ahora podremos descansar de esta *buscadera* de hijos —fue lo primero que dijo Elín.

Nos abrazamos los dos, se nos unió Shalim y yo me sentí la mujer más feliz del mundo. No me importó que tuviéramos que cancelar la gira, que no pudiera volar debido a mi nueva y recién anunciada condición. Habían transcurrido doce años desde el nacimiento de Shalim y dos desde mi terrible pérdida. Esta vez, mirando a los pajaritos histéricos y divertidos que no se iban de mi ventana, yo sabía que esto era real.

A pesar de que no me detectaron complicaciones en las primeras semanas, y de que sentíamos que esta vez todo iba a ir bien, decidimos no contarle a nadie y esperamos un poco más para dar la noticia. Aunque la verdad es que no me pude aguantar mucho. ¡No pude, no pude! Se me notaba a la legua. Yo caminaba sonriendo como una boba a toda hora y a las doce semanas se me fue la lengua. Se lo conté a mi familia y a un par de amigos, y en veinticuatro horas lo sabían hasta en Japón, literalmente. Yo, asustada por lo que vivimos anteriormente, me quité los tacos y caminaba como si estuviera hecha de porcelana. Admito que junto a la inmensa alegría, sentía miedo. Pasé todo este embarazo asustada, me moví muy poco y no dejé de comer. El temor a que algo malo sucediera me daba ansiedad y, para calmarme, devoraba pailas de arroz con salchicha y maíz todos los días. ¡Ése fue mi antojo! Al cuarto mes no lucía embarazada, ¡lucía obesa!

Y para colmo, los japoneses nos cancelaron el siguiente especial que íbamos a regresar a grabar en inglés a la capital nipona, junto con un disco que ya estaba a mitad de la producción. ¡No querían de presentadora a una artista panzona! Se ofendieron mucho con Elín porque habían invertido una suma de dinero considerable y en sus planes no cabía esperar nueve meses. ¡Pero en nuestros planes sí!

—No importa —fue todo lo que comentó Elín cuando nos dieron la noticia de que no habría segundo proyecto en Tokio.

—A mí tampoco me importa —repetí yo muy relajada.

Este embarazo traía luz y los dos lo sabíamos. Elín, siempre tan intuitivo, notó que en esta ocasión algo cambió en mí como artista. Sus sueños de ponerme de nuevo en Japón y Europa en los dos próximos años ya no serían posibles. Este embarazo iba a transformar nuestras vidas profesionales mucho más de lo que vivimos con el embarazo de Shalim. Quien ha perdido un hijo y Dios lo bendice sin merecerlo con una nueva oportunidad sabe que es lo más sublime. Yo sentí que había sido perdonada por mi osadía, por haber dudado de Él. Ya no necesitaba ni un premio Grammy ni un Oscar ni un Globo de Oro, porque estaba en camino de recibir mi premio máximo de vida: volver a ser mamá.

Resultaba difícil creer que yo, artista de vocación, de entrega total a esta carrera y con tantos sueños que cumplir, prefiriera ser madre a todo ese éxito; pero ésas fueron siempre mis prioridades y por eso mis plegarias fueron escuchadas. Conozco compañeras que no tuvieron hijos por culpa de sus carreras. Luego me han confesado que una vez cumplidos los cincuenta lamentan mucho no haber tenido descendencia. Otras son felices con su decisión de no ser mamás y viven tranquilas y realizadas. Pero son bastantes las que, si tuviesen la oportunidad, darían marcha atrás y cambiarían contratos y películas, premios y discos por haber formado una familia propia, una familia real. ¡Cuántas de mis compañeras de mi misma generación sólo alcanzaron a tener un hijo y tras varios y amargos divorcios, se preguntaron si no hubiera sido mejor haber dedicado todo su esfuerzo a haber salvado su barco y haber tenido más bebés!

Al revés, también tengo amigas que dejaron completamente la carrera de artista para casarse y tener hijos de manera más segura y relajada. Yo comprendo a todas, porque no importa lo que decidas, no va a ser fácil. Como mujeres vamos a tener que enfrentar duros sacrificios siempre, elijamos lo que elijamos. Y Elín, durante esos meses de extremos cuidados, decenas de cancelaciones de proyectos y oportunidades perdidas, temía que yo fuera a dejar mi carrera por completo. Creo que lo llegó a pensar, aunque no me lo dijo. La verdad es que estábamos muy ocupados cuidando de ese bebé que venía en camino. ¿Bebé o... bebés?

—Son dos, Chary, son dos —me dijo el doctor Bayonet triunfante, porque sabía que yo siempre soñaba con tres hijos.

—¡Lo sabía, yo siempre lo supe, siempre vi dos gemelitas en mi vida! —celebré yo con tan emocionante noticia—. Dios me perdonó de verdad, porque me está obsequiando doble.

—Me temo que son dos varones —añadió Bayonet, aunque no lo escuché muy convencido.

Entramos en unas semanas de locura, en las cuales nos decían que eran niños, que eran niñas, que sí y que no, porque no se dejaban ver bien en el ultrasonido. Traviesos, los bebés de cuatro meses se ocultaban uno tras el otro. ¡Así era imposible! Recién estrenada la década de los noventa, las máquinas de ecografías tampoco eran como las de ahora, que hasta la carita y las orejas les puedes ver.

—¿Cómo no voy a tener una niña si siempre la soñé? No puede ser, tres varones. Desde niña, yo me vi con otra niña en brazos... al menos una —no me daba por vencida.

Al quinto mes y la quinta ecografía, me dicen que son niñas. ¡Una se dejó ver perfectamente! Dos nenas preciosas.

—No, Chary, no son dos nenas —me dijo el técnico de la sala de ultrasonido que ya no sabía qué cara poner—. Es un niño y una niña. Esta vez no hay dudas. Son gemelos, pero uno es nene y la otra nena.

En ese segundo, mi dicha y mi felicidad se multiplicaron por diez. Casi me da un vuelco el corazón. Creo que es el sueño de todo padre y toda madre: tener la deseada parejita. Nada podía arruinar momento tan bello. O casi nada. Porque a la siguiente cita médica, cuando justo cumplí los seis meses de gestación, el doctor Bayonet insistió en una nueva ecografía, sólo por precaución.

El hombre prendió esa máquina llena de botones y, tras un buen rato deslizando el aparato por mi barriga, sus ojos se le llenaron de lágrimas. No se pudo contener y él, el gran doctor Bayonet, comenzó a sollozar despacito. ¿Un doctor llorando? Dejé de respirar. Quise morir. Esto no podía ser nada bueno.

—Uno de los bebes, es el niño, su cabeza... su cabeza, Chary —mi querido doctor me tomó de la mano y yo me preparé para lo peor.

«Dios mío» pensé mientras yo también empezaba a llorar «esta es otra prueba que me estás enviando, Padre, pero sé que contigo la voy a poder sobrellevar». Y me dispuse a que se hiciera su voluntad, esta vez sin romper vidrios ni maldecir ni dudar de mi fe. Porque fe era lo que más íbamos a necesitar todos.

24

FE

—Me temo que el bebé sufre de hidrocefalia y tal vez espina bífida —me comunicó el doctor Ricardo Brown, el mejor neurólogo que había en Puerto Rico—. Le tendremos que hacer más pruebas, pero me temo que es así.

¡Un nuevo calvario en mi vida! Pero en esta ocasión, sacando fuerzas de donde pude, decidí dos cosas esenciales: una era que no contaríamos nada a la prensa. ¡Nada! Y dos, esta vez me acercaría todavía más a Dios, impulsaría mi fe hasta lo más alto y no dejaría de creer en Él ni de rezarle un solo día. Elín me miró a los ojos y me dijo:

—A partir de hoy, saldremos al jardín los dos con Shalim para hablar con Dios, para que nuestras oraciones lleguen directas a lo más alto. En la Biblia la gente reza mirando al cielo, no a un techo.

—Señor, yo sólo sé hacer ridiculeces, chistes y canciones. Por favor, ayúdame, si me das un niño enfermo no voy a poder salir a hacer reír a la gente —rogaba yo en esos momentos íntimos bajo el inmenso cielo azul puertorriqueño.

—Sí, Diosito —repetía Shalim como un pequeño eco—, mi mamá sólo sabe hacer ridiculeces. Por favor, escúchala porque si no, no podrá hacer más payasadas para que la gente sea feliz.

Algunos amigos, los más allegados, comenzaron a darse cuenta de que algo no iba bien. Uno de esos seres queridos y cercanos que intuyó que yo necesitaba ayuda fue Yolandita Monge.

—Señora, ha llegado la señorita Yolandita, que la quiere ver —me anunció Venecia mientras yo descansaba en mi cama, con los pies en alto y miles de temores en la cabeza.

—Dile que pase, por favor. —Por un momento dudé en recibirla, pero algo me dijo que esta vez no me ocultara de los ojos ajenos.

—Sentí que tú me necesitabas, llevo días pensando en ti y algo me decía que tú me necesitas —me dijo mi fiel amiga nada más verme.

Yolandita lucía bella, fresca, sin maquillaje y con su pelito sencillo, recogido en una cola. Su voz me trajo recuerdos de cuando nos conocimos. Ella fue la única artista que me llamó cuando recién me casé con Elín y me mudé a Puerto Rico. «Quiero darte la bienvenida y quiero que sepas que aquí estoy para lo que gustes». Así, sin más, sin intereses ni negocios de por medio y sin apenas conocernos, la gran Yolandita me brindó su apoyo y amistad. Jamás olvidaré esa llamada y ese bello gesto. De ahí para adelante fuimos excelentes amigas. No nos veíamos mucho por cuestiones de trabajo, pero las pocas horas que pasábamos juntas siempre fueron muy significativas. ¡Y divertidas!

—A ver, Chary —me insistió en aquella tarde que me cayó por sorpresa— llevo tiempo sin verte, casi dos años, y algo me dice que yo tenía que estar aquí.

La gran cantante siempre ha sido una persona de luz y alguien que sabe sentir amor por el prójimo. Era y continúa siendo un ser muy espiritual. Esto lo descubrí durante la producción de la novela *Escándalo* en la que ella también trabajó. Hizo el papel de mi hermana, y fue a partir de entonces que nos comenzamos a llamar «hermanas» en la vida real, un título que yo no adjudico a nadie más que a mis verdaderas hermanas de sangre. Y, por supuesto, a la gran Yolandita que se lo ganó dentro y fuera de la novela.

—¿Quién te dijo? —le pregunté, preocupada de que nuestro secreto ya no fuera tan secreto.

—No sé, nadie me dijo nada, yo sólo sentí que aquí pasa algo grave y quiero que me lo cuentes —Yolandita no se andaba con rodeos.

Y le conté. Le conté que eran dos bebés, que uno era niña y otro niño, y que el niño venía con problemas. No quise especificar más porque con sólo nombrar las palabras «hidrocefalia» y «bífida» se me acababa el oxígeno y sentía desmayarme.

—¿Me permites tocar la barriga y hacer un rezo para ti? —Yolandita me sorprendió con esta peculiar petición.

—Sí, sí, ponlas aquí —le dije, tomando sus manos y colocándolas sobre mi enorme vientre.

Yolandita, con sus ojos cerrados, oró en silencio. Yo sólo escuchaba su profunda respiración. Oró un buen rato y al terminar me dio las gracias, me abrazó con inmenso cariño y sin cruzar más palabras se fue.

Yo me quedé tan conmovida que más tarde, cuando salimos a rezar con Elín y Shalim, lloré. Lloré pero con paz en mi alma. Sobra decir que Yolandita guardó mi secreto y no se lo contó a nadie. El mundo entero creía que «La Rubia de América» estaba en casa descansando y disfrutando de su feliz embarazo. Y así lo quería yo. Esto era un asunto entre Dios y yo, y nadie más.

Los únicos que también podían opinar eran, lógicamente, los doctores. Me informaron que me practicarían una cesárea a los siete meses.

—En cuanto nazcan, tenemos que operar a Álex —nos explicó el doctor Brown.

Para entonces ya habíamos elegido nombres. El niño se llamaría Alexander, porque Elín no me dejó llamarlo como él. «Mi hijo debe tener su propia personalidad, no la de su padre». Me dijo muy decidido. ¡Qué paradoja que hoy, treinta años después, nuestro Álex se ha cambiado el nombre y artísticamente se puso Elín! La niña se llamaría Sharinna del Rosario, así llevaría algo mío y de mi madre y le podríamos decir Shary de cariño.

—Doctor —pregunté yo intentando calmar las miles de dudas que se agolpaban en mi cabeza— ¿qué porcentaje hay de que esa válvula cerrada que obstruye los líquidos se abra una vez nacido y su cabecita se normalice y pierda líquido y volumen?

—Una en dos millones, Chary, no te vamos a mentir. Una en dos millones —el experto nos dejó caer la estadística como una bomba.

—Gracias, doctor; si hay una posibilidad, tan sólo una, mi Dios se va a encargar del resto —le contesté con una fe tan grande que todos me creyeron en el hospital. El milagro se iba a dar y punto.

El día de la cesárea, primero sacaron a Álex, porque era el que necesitaba cuidados inmediatos. Sharinna, mi niña, venía sana, fuerte y sin ningún problema. Tan sólo tendría que ganar un poco de peso cuando la pusieran en la incubadora.

—Aquí pasa algo —exclamó el doctor Bayonet en cuanto tomó a Álex en sus manos— ¡este niño está drenando, miren, se le abrió la válvula al sacarlo!

A pesar de los efectos de la epidural, yo escuchaba y veía todo, pero no entendía nada. ¿Cómo que Álex estaba bien, si yo le veía su cabecita deformada y muy grande?

—Efectivamente, no habrá que operar —confirmó el doctor Brown que estaba presente junto a mi partero y preparado para intervenir inmediatamente—. Su válvula funciona y con el tiempo su cabecita se autorregulará sola. Esto es un milagro. Su espina dorsal parece que tampoco presenta problemas.

No me sorprendí. Yo sabía desde antes de entrar a la sala de operaciones que Dios ya me había concedido el milagro. De la misma manera que siempre he tenido premoniciones de cosas que luego suceden, sabía que este milagro estaba concedido. Ese cielo al que miré durante dos meses sin pestañear durante nuestros incesantes rezos me lo había confirmado.

Pero no todo fue un lecho de rosas después de tan buena noticia. Después del nacimiento tuvimos que enfrentar meses de recuperación y cuidados para Álex. Hoy, mi hijo es un hombre adulto, sano, deportista y fuerte. En su cuerpo no queda ni rastro de la dura y difícil llegada que tuvo a este mundo. Y al niño perfecto, se le sumó la niña perfecta. Porque no he hablado nada de mi Shary.

Si Shalim fue mi primer cómplice, mi compañero inseparable, y Álex vino a este mundo para ser nuestro milagro, nuestro hijo sano, dulce, creativo y siempre optimista, Sharinna llegó para ocupar un gran rol en mi vida que con los años se haría todavía más grande: el de consejera, asesora y aliada. Su inteligencia, su determinación, su honestidad y hasta su creatividad. ¡Absolutamente todo lo sacó de su papá! Y nos lo demostró desde bebita, con su fuerza y serenidad.

Por cierto, que aquella mañana de hospital, cuando estaban a punto de iniciar la cesárea que le iba a salvar la vida a mis hijos, Yolandita apareció de nuevo por sorpresa. Su instinto le dijo otra vez: «Ve para allá, que te necesitan». Cuando la dejaron pasar a verme, le prometí que sería la madrina de mi hijo. Aunque lamentablemente no se pudo lograr para mí siempre será la «madrina honorífica» de los dos gemelos. Por eso, de «hermana» pasé a llamarla como se merece: «comadre Yolandita».

Una semana después de la llegada de los bebés a este mundo, ofrecimos conferencia de prensa. ¡Se acabó el secreto! Yo quería que todos supieran que los bebés estaban bien y que, aunque nacieron prematuros, estaban a salvo porque mi familia había sido bendecida con un milagro doble de vida. Con suma delicadeza, posamos con Shary y Álex en brazos junto al doctor Ricardo Brown, quien no se cansaba de repetir a los reporteros: «Un milagro, esto fue un milagro».

—Chary —me dijo uno de los periodistas más conocidos de Puerto Rico por aquel entonces—, ya sabíamos que la cosa no iba bien, pero decidimos no publicar nada para no repetir la mala suerte.

—Gracias, mi amor. En nombre de mis hijos, gracias —le respondí de corazón—. Gracias por celebrar un milagro y no clavarse en el morbo de un embarazo de alto riesgo.

Y ahí, en plena sesión de fotos, me di la vuelta y vi que Elín estaba llorando como niño pequeño. Mi hombre serio, maduro, siempre pragmático y sereno, lloraba a moco tendido, abrazado a sus bebés diminutos, chiquiticos, pero llenos de vida. Elín había sufrido en carne propia la pérdida de dos grandes amores y ahora Dios lo complacía con otros dos. ¡La misteriosa matemática del Universo!

A las dos semanas nos enviaron a casa con los gemelos más gorditos y sonrosados. Ganaron peso rápidamente. La cabecita de Álex cada día se veía mejor, aunque su cráneo tardó dos años en cerrarse y acomodarse completamente. Dos años en los que nos desvivíamos visitando especialistas en diferentes ciudades y países para asegurarnos de que no hubiera complicaciones en su oído, vista o aparato psicomotriz.

—Chary, déjate de tanto médico —me reclamaba Elín, cansado de esas citas médicas—. Cuando el Señor sana, sana de verdad. Acuérdate de que hablamos con Dios en el jardín y Dios respondió claro y fuerte.

Elín tenía razón. Él, más que nadie, sabía lo que era perder un hijo. Si su corazón le decía que todo estaba bien, posiblemente lo estaba. Los doctores nos decían lo mismo. Tanta gente buena e intuitiva no se podía equivocar. Como no se equivocó nuestra querida Yolandita. De tanto en tanto, cuando veía a mis bebés dormir en casa, sanos y salvos, tomando peso con el biberón, me acordaba de ella y de su misteriosa visita. Me acordaba de sus manos temblorosas sobre mi vientre y de la paz que me dieron.

También me acordaba del dichoso tarot que yo misma me leí de niña: ¡tres! Y de los dos muñequitos que Shalim y yo colgamos en aquel muro de un templo en Japón. No podía evitar una sonrisa ante esta matemática maravillosa.

Me acordaba de aquella vez que me peleé con Dios y comprendí que hay que caer para levantarse, hay que perder para saber ganar, hay que alejarse para sufrir el vacío que se siente cuando falta la fe. Mirando a mis gemelos dormir, yo sabía que ya nada me iba a separar de ellos... como nada me iba a separar de Él, mi Padre Celestial.

25

A SUDAR COMO JANE FONDA

En todo este furor de ser madre, y con la angustia sobre la salud de mis gemelos, se me olvidó contar un pequeño detalle: con este embarazo engordé cien libras. ¡Cien! Y al mes de dar a luz, sólo había bajado veinte. ¡Me veía enorme!

Yo, la flaca que siempre había estado traumada por flaca, no cabía ni en las más grandes de mis batas o camisones. Este embarazo no fue como el de Shalim ni yo tampoco era una chiquilla para rebotar a mi peso normal como si nada.

Recuerdo que en esas primeras semanas de recién parida, la misma Yolandita Monge, y tantas otras amigas que habían sido madres anteriormente, me decían con resignación: «Chary, así es la vida, ya nunca volvemos a tener el cuerpo de antes». Yo les sonreía, pero pensaba para mis adentros: «Esta gente no me conoce a mí. No han visto en acción la fuerza de voluntad con la que nací; estaré muy subida de peso, pero yo soy más testaruda que las agujas de la balanza».

Inmediatamente hice un plan de ataque. En trece días estudié libros de nutrición, tomé notas y me diseñé mi propia dieta sana. Si en nueve meses subí esas libras, en nueve meses las bajé, y sin necesidad de ir al gimnasio, porque mi cesárea me lo impidió durante largo tiempo.

—Chary, tú estás enferma —me decía la gente—, se te pasó la mano con lo de adelgazar.

—Sí —les respondía yo feliz—, perdí ciento veintiséis libras; veintiséis más de las que gané en un principio.

Para mí, que me dijeran enferma era un piropo. Tengo que aclarar que mi salud no corrió ningún peligro porque comí muy sano. No me dio diabetes ni anemia ni nada de eso. Simplemente, cuando se me mete algo en la cabeza, yo no descanso hasta lograrlo. Y éste fue el momento de mi vida de ponerme a prueba.

Yo comprendo que no siempre es posible o resulta fácil recuperar nuestra silueta después de sufrir cambios como los que acarrea la maternidad. Cuando veo a las artistas jóvenes de hoy tener hijos, con la presión y el escrutinio al que están sometidas, yo digo: «¡Esta es una valiente!». Más cuando son dos los que vienen en camino. Jennifer Lopez se aventuró con sus gemelos y luego luchó como una valiente para recuperar su imagen de siempre. Años atrás, recuerdo el caso de la exótica y bellísima Tongolele, que igualmente dependía de su físico para bailar y ganarse el pan. Ella fue otra artista que tuvo gemelos y del mismo modo supo continuar adelante.

—Si vas a meterte de lleno en esta aventura de ponerte en forma ahora que ya perdiste esas libras de más, mejor te grabamos y producimos videos de ejercicios como Jane Fonda —se le ocurrió a Elín, siempre pensando en el trabajo. Así funcionaba su mente creativa.

—¿Qué me estás diciendo... que me tengo que poner a sudar como la Fonda? —le bromeé yo, siempre emocionada con las mil y una ideas de mi esposo.

Con lo que había aprendido de mi experiencia personal, hicimos un video VHS para el cual escribí y grabé un tema musical, *Póngase a valer*. Yo estaba decidida a inspirar a miles de mujeres a darse el valor que se merecían.

Durante esos días de *Póngase a valer* muchos me preguntaban por «mi secreto» para mantenerme en forma. «¡Es genético, ella nació así!», decían unos. «No, es que se mata de hambre», murmuraban otros. «No, no, es que toma pastillas para adelgazar», sospechaban erróneamente algunos. Mi «secreto» simplemente no es ningún secreto. Es algo que salta a la vista: se llama fuerza de voluntad.

Fuerza de voluntad para comer sano y de vez en cuando alguna que otra dieta un poco más estricta. Fuerza de voluntad para salir de la cama y hacer ejercicio suficiente y constante. No lo negaré, mi metabolismo también ayuda, porque responde bien a mis rutinas y sacrificios. Pero tengo que cuidarme mucho, porque si no, yo engordo como todo ser vivo. ¡De metabolismo solo no te salen abdominales ni bíceps!

Yo soy una obsesionada del pollo frito que venden en la calle y de la pizza. Pero en cuanto subo un poco, me coso la boca. Me voy a casa y me cocino unas habichuelas con agua o una pechuga de pollo sin grasa. Porque mis genes son Goico y los Goico tenemos tendencia a subir de peso. De mi madre, lo que heredé fue la disciplina. ¡Eso igual se hereda! Doña Charito siempre se preocupó por lucir delgada y si subía una talla dejaba de comer pan. ¡El pan fue su cruz! Como buena española, siempre decía: «Sin pan, la vida no es vida».

Yo, con mis subes y bajas, confieso que he sido flaca traumada en tiempos en los que las artistas tenían que tener gran trasero y curvas enormes. Confieso que he pesado más de doscientas libras después de ser madre. He estado en ambos extremos y por eso no juzgo a nadie. El peso y la edad jamás se juzgan ni se discuten. Se enfrentan en soledad, con Dios a tu lado y con tu firme promesa de quererte y de cuidarte hasta que tú te sientas bien. Para que cuando te digan que estás subidita de peso tú les respondas: «Sí, como Jane Fonda».

26

PARA DONDE
SOPLE EL VIENTO

Con mejor peso, y más fuerte que nunca por tantos ejercicios, inicié mi etapa de *Charytín Internacional* en 1992 en los estudios de Univision. Por primera vez, mi *show* se movió fuera de WAPA-TV en San Juan. Nuestro programa cambiaba de nombre y de ciudad, pero continuaba su increíble y maratónica trayectoria. Durante los dos siguientes años, y con los gemelos chiquiticos, grabamos desde Miami para la principal cadena hispana en Estados Unidos. Recuerdo que por ese *set* en la Florida pasaron mi querida Celia Cruz, José Luis Rodríguez El Puma, Franco de Vita y muchos otros de los grandes. ¡Un honor! De todas las etapas, ésta fue la más espectacular en la que arrasamos con todo. ¡Literalmente! Porque hasta huracán nos cayó encima.

Recién instalados en Miami nos visitó Andrew. La tormenta de categoría 5 llegó y arrasó con todo lo que pudo. Decenas de personas perdieron la vida y un cuarto de millón de familias se quedaron sin hogar. Yo escapé justo a tiempo con mis gemelos en brazos y Shalim corriendo a mi lado. Cuando las aguas bajaron en Cocoplum, mi barrio, me encontré con Julio Sabala que tampoco podía pasar por la calle debido a los árboles caídos y la maleza que las ráfagas de viento habían acumulado en las esquinas. Me dijo que hasta que las autoridades nos dieran permiso de regresar se estaba quedando en casa de Chábeli Iglesias. Como buena caribeña, yo había experimentado huracanes antes, pero debo confesar que éste nos marcó de manera especial.

Cuando nos dieron luz verde y pudimos pasar hasta nuestra casa, vimos lo que Andrew había ocasionado y nos quedamos en silencio: nuestro garaje y sótano estaban enlodados y destruidos. Mis joyas, mi vestuario de años, trajes de gran valor sentimental y piezas únicas, todo mojado y arruinado. Décadas de recuerdos profesionales y personales perdidos para siempre. No lloré. Ni una sola lágrima. Di gracias a Dios allí mismo, frente al lodo y las cajas destrozadas por los rincones. Me hinqué de rodillas con mis gemelos, con Shalim y con Elín a mi lado, y oré con paz y gratitud porque estábamos vivos y sanos.

Al día siguiente regresamos a los estudios de Univision como si no hubiera sucedido nada. Así somos los isleños. Pasa el temporal, nos levantamos, nos sacudimos y que suene de nuevo la música.

Nuestro *show* en Univision duró dos años exactos. Después de grandes triunfos, y como todo en la industria del espectáculo, *Charytín Internacional* tocó a su fin al ritmo del grupo de moda Locomía. Yo salí a bailar y cantar a escena con los muchachos de Ibiza, vestida como uno de ellos, agitando uno de los enormes abanicos que estos artistas tan originales paseaban por todo el mundo.

—Chary, tu *show* sale demasiado caro. Ésta será la última temporada, así que vayan preparando un gran final —fue lo que nos explicó el gerente del canal cuando nos dieron la carta de despedida.

Nosotros, como artistas itinerantes que éramos, y sin dejar de mover el abanico con estilo, terminamos los programas restantes con entusiasmo. Luego, empacamos nuestras cosas y sacamos la brújula para ver para dónde apuntaba esta vez la aguja.

—¿Santo Domingo? —exclamé cuando mi primo Freddy Beras-Goico me llamó con una oferta que no pudimos rechazar— ¿Un *show* en la televisión en mi tierra?

—Que te vengas para acá a mi programa diario —me explicó con su habitual entusiasmo—. Tú tendrás un segmento largo. Serás *Charytín en Punto Final*.

Creo que antes de terminar su invitación, Elín, Shalim, los gemelos y yo ya estábamos subidos al avión, no fuera que se arrepintiera. La aventura duró sólo un año, pero fue un tiempo bello, durante el cual pude reconectar con mi pueblo y con mi familia. Mis hermanas ya estaban grandes, casadas y con hijos. Mis sobrinos jugaron con mis hijos. Mi mami sonreía, feliz, viendo a todos sus pollitos juntos por primera vez. Los niños pudieron visitar a su abuelo, don Salvador, tres veces por semana. En esta nueva vida familiar nunca hablamos del pasado y las heridas sin cerrar. Creo que todos temíamos que se rompiera la magia del momento y quisimos llevar la fiesta en paz.

Los que no me dejaron tranquila fueron mis malditos sueños. Aparecieron de vuelta en mis noches. Uno de esos se lo conté a mi querido y entrañable Víctor Erarte, el otro gran estilista en mi vida que siempre me mimó y cuidó en infinidad de proyectos y eventos. Cuando Álex y Samy no estaban, Víctor tomaba la batuta y el *show* de la rubia continuaba con los *looks* logrados y perfectos de siempre.

—Mira, Víctor, soñé con Juan Luis Guerra caminando por un mundo bajo tierra; yo estaba allá abajo también —le confesé en total secreto a mi confidente de camerinos—. Juan Luis me miró de lejos, me dijo adiós con la mano y me dio la espalda; se perdió entre enormes ríos y montañas. Yo sentí un dolor muy grande y desperté llorando.

—¿Le contaste a Elín? —me preguntó mi estilista intrigado.

—No, chico, tú estás loco. Elín me mata. No quiere saber nada de mis sueños y visiones.

A los tres días, apareció nuestro productor y nos anunció emocionado:

—Viene Juan Luis Guerra para una entrevista mañana a presentar su nuevo disco.

Me dio un vuelco el corazón. Juan Luis y yo nos conocíamos de toda la vida, crecimos en las mismas calles y nuestras familias se conocían, pero nunca fuimos muy cercanos por la diferencia de edades. Sí, yo soy «ligeramente» mayor que el talentoso artista. ¿Qué haría? ¿Le contaría o no lo del extraño sueño?

Al día siguiente, el gran compositor e intérprete llegó temprano, antes de entrar al aire, y nos quedamos solos en el camerino.

—Juan Luis, me gustaría contarte una cosa —no me pude aguantar y le empecé a decir—, es algo que he soñado. Y como a mí me da pavor que me cuenten lo que sueñan sobre mí, prefiero preguntarte si tú quieres que te cuente el que yo tuve de ti.

No pudimos continuar nuestras confesiones. Nos interrumpieron. Era hora de salir a cámara y la conversación se quedó a medias. El programa fue un éxito, como todo en lo que participa este ser sencillo y carismático que siempre conecta con la audiencia. Al terminar, yo pensé que se le había olvidado, pero me puso cara de «Chary, termina de contar». Y así lo hice. Le dije que lo vi en un mundo bajo tierra, diciéndome adiós muy cabizbajo.

Juan Luis, reservado, tímido y poco hablador, sonrió y no

dijo ni una palabra. Se despidió muy calurosamente y se fue con
su gente. Al poco tiempo, los titulares lo anunciaban: «Juan Luis
Guerra se somete a una delicada operación en su ojo a raíz de un
tumor».

Afortunadamente, en nuestros sueños siempre hay margen
de error; nos podemos equivocar y de hecho nos equivocamos.
En especial, siento que en esta premonición, fue la fe del artista
lo que le dio un giro total al desenlace de la historia. El tumor fue
benigno. Sé y me consta que fue su amor infinito a Dios, de todos
conocido, lo que cambió el destino. Juan Luis se recuperó de esa
operación y se acercó todavía más a Jesús, llegándole a dedicar
años enteros de su arte. En la siguiente ocasión que me encontré
con la gran gloria musical de mi país, fue en algún festival en Las
Vegas y no hablamos de sueños tontos ni de bobadas. Sólo nos saludamos con la acostumbrada buena energía. No sería hasta unas
décadas después cuando nuestras vidas se volverían a cruzar, y en
esa ocasión no sería para nada alegre.

Mientras tanto, con mi familia y mis maletas, regresaríamos a
un avión. Se terminó mi participación en *Charytín en Punto Final*
y se terminó con ello nuestra «luna de miel dominicana». Una
vez más, iríamos para donde apuntara el viento. Miami y un estudio de grabación nos esperaban. Era hora de enfrentar lo que a
Elín más le dolía: mi fría distancia de la música.

27

CON LA MÚSICA A OTRA PARTE

—Chary, no has grabado nada desde los ochenta y estamos en 1995 —Elín me reprochaba sin rodeos—. ¿A qué esperas?

—Sí que he grabado algunas canciones —me defendía yo como podía.

—Eso no es un disco completo, eso no te pone de regreso en la radio ni en los grandes conciertos —Elín insistía—. Extraño el Carnegie Hall, el Madison Square Garden y los grandes *tours*.

Yo comprendía el por qué de sus quejas. Elín se enamoró de Charytín la cantante, no de Charytín la presentadora, y esa nostalgia de nuestra época dorada de los discos y conciertos lo ponía triste. Supe que por amor tendría que dar mi brazo a torcer y meterme en un estudio de nuevo. Sony Music nos ofrecía grabar un álbum con un productor italiano muy prestigioso y solicitado. Lo malo de las cosas que hacemos por compromiso es que rara vez salen como deseamos. No fluyen. Y este disco no fue la excepción.

—El señor productor será muy experto y muy famoso, ¡pero no me conoce! —me quejé con razón, pues el italiano me pedía hacer cosas que no tenían nada que ver conmigo, ni con mi voz ni mi estilo.

—No, Chary, tú lo estás boicoteando, tienes que cooperar —Elín hacía de árbitro entre el productor y yo. Y así, disparando a dos fuegos, completamos la producción de *Sutil*.

¡Sutil! Un nombre muy acertado para el disco, porque pasó sin pena ni gloria. Yo no hice ni promoción una vez que lo lanzaron. Mientras, don Elín se refugiaba todas las noches en su estudio en casa, escuchando mis antiguos discos de boleros que grabé con Julio Ángel. Los escuchaba a todo volumen mientras trabajaba en sus guiones o proyectos, y yo me preguntaba: «Este hombre, ¿nunca se va a cansar de mis canciones?». Me partía el alma no poder complacerlo.

Años después de este último esfuerzo y último disco completo, alguien muy especial me pediría que grabara algo, un solo tema. Yo lo haría por Elín y para Elín, aunque nunca supe si él lo llegó a escuchar de verdad, como escuchaba mis boleros en su estudio cada noche haciendo retumbar las bocinas como si estuviera al pie del escenario.

Dicen que hay que bailar al son que tocan, y a mí, la orquesta de la vida me marcaba otros ritmos donde podría dar rienda suelta a toda esta energía que siempre me ha acompañado y que a algunos vuelve locos. Locos, sí, aburridos, ¡jamás!

—Elín, apaga el estéreo —le dije yo a mi esposo una de esas noches de nostalgia y boleros—, que nos vamos con la música a otra parte.

28

CHARY, ¿TÚ ESTÁS *HIGH*?

—O ye, Chary, pero ¿tú te pones *high* para venir a trabajar? —me preguntó uno de mis nuevos compañeros de trabajo al verme entrar todas las mañanas cantando y bailando por los pasillos.

Sin quererlo, la rubia de la televisión se había convertido en la rubia de las ondas radiales. En Miami firmé con el *network* de Radio Única para presentar un programa que me iba como anillo al dedo: *Únicamente de novelas*. Un *show* diario donde interactuaba con el público y hablábamos libremente de los temas fuertes que aparecían en las novelas del momento. Elín, todavía dolido por el asunto de los discos y la música, aceptó de buen grado el nuevo proyecto. ¡Él era más novelero que yo!

—No, no, yo no me drogo ni con aspirina... odio las pastillas —le contesté a mi compañero de radio, impresionado con mi derroche de energía—. Mejor acostúmbrense a mí, porque yo nací así, *high*, muy *high*.

Y con ese espíritu *high*, de la radio volví a saltar a la televisión. En sólo un año dejé *Únicamente de novelas* y acepté una propuesta de la que nunca me arrepentiré. Cuando firmé ese nuevo contrato televisivo en 1998 no sabía que estaba firmando los años más tranquilos y productivos de mi vida. Es más, ni pude anticipar que con esa simple decisión estaba comprando mi pasaje hacia una vida «normal». La más normal que jamás he tenido.

La oferta llegó de la mano de John de Armas, gerente general del nuevo *Home Shopping en Español*. Entre los americanos, este canal de ventas por televisión era ya legendario. Entre los hispanos, la cosa estaba despegando y todavía no estaba a todo su potencial. John creyó que un personaje de mis características sería la patada final para poner al canal en lo más alto. ¡*High* como Charytín!

¡Y para Tampa nos fuimos toda la familia! De hecho, nos mudamos exactamente a Saint Petersburg, donde compramos casa y nos establecimos con los gemelos durante casi tres años. ¡El periodo más largo que jamás hemos estado en un hogar sin movernos!

Mi programa sería los sábados y los domingos, y mantendría toda la esencia de *El show de Charytín*, pero con ventas integradas y mucho derroche de energía.

—*Is she high or what?* [¿Está drogada o qué?] —se preguntaban los ejecutivos americanos del legendario *Home Shopping*, que no estaban acostumbrados a ver tanto revolú, tacones y lentejuelas por los pasillos de los estudios del legendario *network*.

En esos días, me di cuenta de que otro de los dones con los que Dios me había bendecido era el de vender. Yo vendo fácilmente porque vendo de corazón. La venta te tiene que salir del alma y a mí me gustaban las cosas que vendíamos. ¡Yo las usaba todas! Yo misma elegía ollas fabulosas, computadoras fascinantes, cámaras de videos y hasta me fabricaron mis propia línea de prendas o joyas de ámbar. Mi hijo Álex, a quien desde muy pequeño le ha fascinado el mundo de la tecnología, la televisión y el cine, se convirtió en mi pequeño asistente técnico y me daba clases de computación. Mi pequeño sabio me enseñaba cómo funcionaban todos los artefactos que yo luego tenía que presentar en cámara y hacer sus demostraciones. Álex se quedaba conmigo todo el día en el canal, trabajando como un hombrecito.

Fueron años pacíficos y placenteros. ¡De los más felices de mi vida! Shalim, quien ya había empezado su carrera de cantante, venía a visitarnos desde Miami. Nuestro primogénito se había convertido en un hombre fuerte e independiente. El resto de los días transcurrían inmersos en la rutina: en las cenas, en las tareas y en llevar y traer a los gemelos a la escuela, tal como millones de mamás hacen siempre. Insisto que nunca habíamos vivido un vida tan normal. En las noches, nos sentábamos los cuatro juntos frente al televisor y veíamos las novelas. Llorábamos a moco tendido, especialmente Elín, que era el más blando.

Yo sólo trabajaba los sábados y los domingos y estaba ganando más dinero que nunca. Mis años de normalidad fueron también años de bonanza. Aparte, yo era la cara de Palmolive desde 1986, y esos comerciales que se volvieron tan populares me ofrecían también una gran tranquilidad económica.

Aquí estaba yo: en mis cuarenta, viviendo la vida de mamá, de la señora del jabón de platos, de la reina de su casa. La verdad es que yo no extrañaba para nada aquella locura de las giras, las promociones y los constantes viajes. ¿Y Elín? Elín estaba también encantado con esta nueva vida de familia burguesa. Todavía continuaba un poco triste porque no me oía cantar más, pero él también agradeció poder ser papá de tiempo completo y dormir siempre en la misma cama, sin aviones que perder ni hoteles donde olvidarse el cepillo de dientes.

Pero al final, por mucho que los dos quisimos jugar a los reyes de nuestra casa y vivir vida de familia clásica en un barrio clásico de Saint Petersburg, ni Elín ni yo nacimos para eso. Las noches viendo novelas frente al televisor y las mañanas caminando a la escuela con los niños no iban a durar mucho. El Universo y una gran tragedia que nadie vio llegar nos iban a obligar a hacer maletas una vez más y regresar a la locura. Esta vez iba a ser la locura más grande, intensa y desenfrenada de toda mi carrera. ¡Preparados para el nuevo siglo y la nueva aventura!

29

APRENDER A SOBREVIVIR A *ESCÁNDALO TV*

—No sé qué será de mi vida, por primera vez no sé qué voy a hacer en mi trabajo —, le confesé a Elín a las pocas semanas de la terrible tragedia de las Torres Gemelas.

Yo no era la única sumida en el dolor y la confusión. El mundo entero presenció cómo se colapsaban los dos edificios emblemáticos llenos de seres humanos buenos, gente que fue a trabajar esa mañana con toda la ilusión y que ahora ya no estaban entre nosotros. En medio del doloroso luto, la economía de Estados Unidos dio un frenazo y la guerra era inminente. Los proyectos se cancelaban y en el *Home Shopping Network* no se vendía mucho. La gente no estaba con ánimos para comprar ollas, pijamas o cuadros para la casa. Sin darme cuenta, entré, como muchos otros, en una extraña depresión.

—¿Qué voy a hacer ahora? —Ya no veía por dónde continuar—. Ay, Dios mío, muéstrame el camino.

De pronto, como siempre que pones algo en manos de lo Divino, las señales no se hicieron esperar. Para mí llegó en forma de mensaje grabado en el teléfono de la casa: «Hola, soy Tony Oquendo, el nuevo director general de TeleFutura, la nueva cadena que acaba de abrir Univision; busco a Charytín para hablar del *show* estelar de nuestro nuevo canal».

¿Era ésta mi oportunidad para salir de mi tristeza y de regresar a la acción? En Tampa los niños tampoco eran muy felices con esa vida «normal» que al principio tanto disfrutamos todos. Álex y Sharinna añoraban a nuestros amigos y familiares de Miami, añoraban las fiestas, el gentío y ver a sus padres entre escenarios y *shows*. ¡Creo que ya los habíamos contagiado de nuestra vida gitana! Sin esperar, llamamos a Tony Oquendo, aceptamos el proyecto y nos fuimos de nuevo para el 305.

—El *show* se llama *Escándalo TV* —me anunciaron los productores—, y tú presentarás cada mañana en vivo junto a tres compañeros más.

No supe cómo tomarme la noticia. Por un lado me encantaba el nombre del *show*. «Escándalo» iba mucho conmigo y con mi carrera. Por otro lado, me estaban diciendo que yo no sería la única conductora. ¿Tendría que compartir micrófonos con alguien más? Toda mi vida había dirigido programas sola y ahora enfrentaría una nueva dinámica desconocida para mí.

—¿De veras te vas a adaptar? Yo también llevo siglos presentando solo y no es lo mismo solo que acompañado —me preguntó don Francisco cuando supo que me habían contratado para el programa principal de la nueva cadena TeleFutura.

Esa pregunta del famoso conductor fue premonitoria, porque lo que me esperaba era mucho más retador de lo que yo imaginé. Antes de llegar el primer día al foro donde transmitiríamos el *show* diario de tres horas de entrevistas y noticias de farándula, me informaron de manera muy sutil que los cuatro presentadores compartiríamos el trono por igual. No habría rangos ni distinciones. ¡Tremendo el baño de humildad que me tuve que dar! A mi edad yo debería volver a ganarme mi derecho de piso entre una multitud y, no lo negaré, fue extraño e incómodo. Sería el cariño de los televidentes lo que me mantendría en pie y con ganas de aprender las nuevas reglas del *business*. Desde el primer día que salimos al aire, la gente me paraba por la calle para saludarme y abrazarme. «Te vemos todos los días», me decían con tanto cariño. Inmediatamente me di cuenta de que *Escándalo TV* era donde debía estar, por mucho ajuste y novedad que tuviera que sufrir.

La televisión, me gustara o no, había cambiado. ¡El mundo entero había cambiado! El nuevo siglo y el 9/11 llegaron y nos sacudieron de pies a cabeza; vinieron a demostrarnos que no somos intocables ni invencibles, que no importa qué tan famoso seas, tienes que salir a luchar cada mañana como todo hijo de vecino, y así me dispuse a hacerlo.

Si tenía que reinventar a Charytín para sobrevivir en el nuevo panorama, yo lo iba a hacer. El único problema era que en esta ocasión, mi gran aliado, mi maestro y compañero de decisiones ya no estaría presente. Elín seguía activo con algunos proyectos y continuaba asesorándome en lo que podía, pero éste fue mi primer *show* de televisión donde él no estaría detrás de cámaras dirigiéndome.

Al principio sentí miedo al verme sola por los nuevos pasillos de TeleFutura, aunque completamente sola nunca estuve, porque desde el primer día se forjó una nueva familia a mi alrededor. Una familia con la que compartiría grandes momentos y grandes crisis, grandes éxitos y grandes dramas por toda una década. Entre esos miembros de mi nuevo clan se encontrarían mis nuevos compañeros de conducción: Felipe Viel, animador y músico chileno, Marisa Del Portillo, actriz y presentadora mexicana, y Gabriela Teissier, la cual abandonaría el *show* en pocos meses debido a asuntos familiares. Años después se nos uniría por otra temporada Lilia

Luciano, periodista puertorriqueña muy competente y muy apreciada por todos nosotros.

En cuanto los conocí en nuestra primera reunión de producción, me di cuenta de lo afortunada que había sido. La química en cámara se dio entre los cuatro desde el primer minuto, y eso es algo que no siempre sucede en estos proyectos. No importaba los problemas que enfrentáramos entre bastidores, una vez que nos sentábamos en el *set* y estábamos ante los ojos del público, nuestra ética de trabajo y esa magia que teníamos juntos nunca falló. Y pronto contagió al resto del equipo y a los televidentes.

Pero tampoco diré que todo fue de color de rosa entre nosotros. Así es la vida en cualquier trabajo o relación. Por los pasillos de *Escándalo TV* empezaron a formarse equipos. Unos eran del *team* Felipe, otros del *team* Marisa y otros del *team* Charytín. Cada productor o escritor jalaba para su lado y para su presentador; y nosotros también. Por primera vez supe lo que era competir todos los días del año por el *spotlight* y no poder bajar la guardia. Por eso no me tomé ni un día de vacaciones por un largo tiempo. El asiento del medio era el más codiciado y yo me agencié ese simbólico trono solita desde la primera transmisión. ¡Para algo yo llegaba entrenada de las grandes ligas con las grandes divas de los ochenta! Yo venía curtida de numerosas telenovelas, festivales, películas y obras de teatro en las que me había tocado sobrevivir las mil y una situaciones. Como Charytín, yo me estaba reinventando, pero de nueva y de novata yo no tenía nada.

Con Felipe, tengo que aclarar, no me costó ningún esfuerzo congeniar. Nos hicimos amigos y hermanos sin esfuerzo, de manera muy natural. Este alegre chileno supo conectar conmigo y yo con él. Nunca olvido el día que nos enviaron a grabar a un hotel en Miami Beach y la gente creyó que andábamos de amantes, escondiéndonos. ¡Yo que podía ser su mamá! Nos reímos mucho del chisme con su esposa Paula, a quien también le tomé mucho cariño.

Con Marisa no sucedió así. Tal vez entre mujeres nos cueste más confiar y sincerarnos, aunque sé que eso está cambiando y hoy en día esa cultura de competir entre nosotras ya no es lo que era, afortunadamente. Pero por aquellos primeros años de *Escándalo TV*, Marisa y yo no hicimos *click* a nivel personal y prefiero contar la verdad.

—Oye, Chary, ¿cómo te entiende la gente con lo rápido que hablas? —me preguntó sin filtros mi compañera la primera semana que presentamos juntas.

¡Casi me dio un patatús! Ella, siendo más joven e inexperta, se atrevió a darme una crítica personal. ¿Éste era el nuevo mundo de la televisión al que me tendría que acostumbrar? En mis tiempos, todos respetábamos a los veteranos; así me enseñó a comportarme don Elín cuando yo aprendía a hacer programas a su lado, y así me enseñaron los otros grandes con los que yo trabajé por más de veintiocho años, para ser exactos.

En otra ocasión, Marisa y yo chocamos por cuestiones de moda. Aparecimos una mañana con el mismo vestido y del mismo color. ¡Y yo no creo en las casualidades!

—O te cambias tú o me cambio yo —le dije sin rodeos.

—No, nos quedamos las dos así y no pasa nada —me contestó Marisa sin darme espacio para negociar.

¿Cómo que no pasaba nada? ¡A mí nunca me ha gustado ir de gemela de nadie! Ahora le dicen *twinning*, pero yo ni de jovencita hice esa bobada de ponerme la misma ropa con mis amigas.

Al final, ninguna de las dos dio su brazo a torcer y el público nos vio vestidas iguales. Al terminar el *show*, Marisa subió a quejarse con los jefes quienes me llamaron la atención. Yo acepté el regaño con resignación, pero les aclaré que en el futuro, si surgían malentendidos entre mi compañera y yo, me incluyeran en la reunión para dar mi versión. Y así lo hicieron a partir de ese día. Si había algo que hablar, se hablaba frente a las dos.

La buena noticia entre Marisa y yo llegó con los años. Con el paso del tiempo, algo cambió entre nosotras. Dejamos de vernos como adversarias, aunque insisto que al aire jamás competimos deshonestamente o rompimos esa magia que se creaba entre los tres conductores. Poco a poco, y con tantas mañanas compartidas, tantos viajes y entrevistas, risas y lágrimas, creo que el hielo se derritió y comenzamos a vernos como lo que somos: seres humanos y punto.

Una mañana la vi en el *set* y le dije sin pensarlo ni planearlo:

—Marisa, pero mira que tú estás bella.

Al día siguiente, fue ella quien vino y me dijo de manera totalmente espontánea:

—Chary, hoy tú estás bella. Muy bella.

Sólo toma un piropo entre mujeres para enterrar el hacha de guerra. Sólo se necesita una palabra bonita dicha desde el corazón para empoderarnos mutuamente. ¡Qué tontas fuimos en las generaciones anteriores en las cuales yo me crié! Nos dejábamos convencer de que las demás mujeres eran las adversarias, cuando podían ser nuestras aliadas.

Entre Marisa y yo nunca hubo explicación ni conversación de los cambios que dio nuestra relación. Simplemente empezamos a sonreírnos y vernos como mujeres, no como presentadoras luchando por una silla. Me dio un poco de pena pensar en todos esos años que no nos comprendimos y que perdimos tontamente, porque Marisa del Portillo es una gran mujer. Es una excelente profesional que jamás permitió que los asuntos personales afectaran nuestro rendimiento profesional.

Durante los dos últimos años juntas, Marisa me traía mole y deliciosos tacos, yo le compraba libros y flores. Hoy, cuando echo la vista atrás y pienso en esos tiempos de *Escándalo TV*, doy gracias a Dios por habernos regalado la oportunidad de tratarnos mejor, apreciarnos más y compartir con corazón.

Al final, con competencia o sin ella, todo viene de arriba. Dios decide si vas a brillar en un *show* o en una película, si vas a triunfar o no con un disco. Con quien tienes que competir verdaderamente es contigo misma y con nadie más, si es que quieres ser un poquito mejor cada día. Y yo, desde que llegué a *Escándalo TV*, me había propuesto precisamente eso: mejorar y convertirme en mi versión 3.0. A mi edad, rodeada de tanta gente joven, tenía que elegir: ¡renovarme o sucumbir!

Dicen que envejecer es una opción, una actitud que elegimos voluntariamente. Tú y solo tú decides cuando vas a hacerte viejo. La vejez es un estado mental. Yo siempre tuve esto muy claro: tú puedes «ser» viejo, pero no te puedes «ver» ni «sentir» viejo. Son muchos los que me dicen que yo me mantengo joven por mis genes, mi metabolismo, o porque he pasado mil veces por el quirófano, lo cual no es cierto. Mi secreto de la eterna juventud siempre ha sido mi actitud y nada más. Y *Escándalo TV* me sirvió para poner en práctica esta fórmula, que de secreta no tiene nada. ¡Yo no me iba a ver como la mamá de los pollitos! Así que me puse manos a la obra y le hice honor a mi lema de vida: ¡antes muerta que sencilla! Porque, aunque yo canté aquel tema de *La sencillez,* de sencilla nunca tuve nada.

Atrás tenía que quedar aquella imagen de «Charytín, la mamá de los gemelos» que tanto presumí a lo largo de los años noventa.

No podía seguir con esos trajes y esa actitud. Desde mi primer día presentando en TeleFutura, opté por un *look sexy* bonito. No me importó que el *show* fuera en la mañana, yo le subí al *glamour*. No podía vestirme con trajes largos de gala, pero podía usar mi típico *bling-bling*. Sin pedir permiso a nadie rompí las reglas y me puse blusas con lentejuelas a las doce del mediodía, vestidos de tules y sedas con brillos en la cabeza, boas de plumas enroscadas al cuello y hasta sombreros espectaculares. Esto también fue contagioso, porque mis compañeros de reparto comenzaron poco a poco a soltarse la greña y a atreverse con camisas exóticas, trajes de estampados locos y colores llamativos.

Luz María Doria era nuestra productora ejecutiva y ella jamás me frenó. ¡Al contrario! La inteligente periodista me dio absoluta libertad para que me expresara con mi ropa y creara mi propio personaje, y así lo hice. Aunque no todos comprendieron mi estrategia. Las burlas y los comentarios dañinos no se hicieron esperar. Yo sé que algunos me llamaban «doña Florinda», porque me veían pasar con mis rolos en la cabeza a todas horas y mis blusas floreadas. Nunca me importó, como tampoco me importó cuando sorprendí a un productor hablando de mí y tachándome de ridícula a mis espaldas. Simplemente me acordé de cuando yo tenía cuatro años y me disfrazaba de Veronica Lake. ¡Ésa era yo!

—Voy bien, creo que voy bien —le decía yo a Elín, cuando llegaba a casa tras largas horas en mi nuevo *show* y mi nuevo trabajo—, si me llaman ridícula voy por buen camino. Mira a la reina Isabel también la llaman así por sus sombreritos, sus bolsos y sus trajes de colores, ¡y es la reina Isabel!

La persona mediocre nunca será capaz de ver más allá de la crítica y en ese equipo grande de *Escándalo TV*, hubo alguna que otra mente mediocre que no me pudo comprender. Afortunadamente,

Dios puso en mi camino a otra alma soñadora como yo que me ayudaría a no caer en lo establecido y en lo aburrido. Se trató de mi querido Frank Muñoz, otro de los estilistas clave en mi vida con el cual sigo trabajando hasta el día de hoy. Frank lleva veinte años ganándose mi corazón y compartiendo amistad, travesuras y aventuras. Con la ayuda de sus manos suaves pero firmes, volví a brillar en este exigente programa. Respaldada por su talento y por el apoyo de mucha otra gente bella, me armé de valor y salí a ese escenario con mi autoestima arriba y mi famosa frase con la cual iniciaba cada *show* y que pronto se hizo popular: «¡Hola mi gente bella!».

Aunque mi autoestima no era lo único que tenía que cuidar en esos días de nuevos retos. Mi cuerpo y mi salud también empezaron a peligrar. ¡Jamás he trabajado tanto como cuando empecé *Escándalo TV*! Este programa marcó un antes y un después en mi vida y en mi carrera. Con Elín yo trabajé mucho, pero siempre con descansos y horarios. Cuando comencé con la nueva dinámica de la televisión diaria en vivo, todo fue diferente: allí no daban tregua ni para ir al baño. ¡Casi me da un ataque y me llevan al hospital!

Una vez instalados en Miami y con el programa en marcha, yo llegaba a las siete de la mañana al foro de TeleFutura para empezar a organizar mi jornada de trabajo y regresaba a mi casa a las ocho o las nueve de la noche. Durante trece largas horas, yo grababa entrevistas, *sketches* cómicos para el día siguiente y participaba en cuanta junta de producción convocaba mi equipo. Fueron años duros en los que apenas vi a mis hijos, pero me las arreglé para pasar de mamá presente a mamá telefónica. Los gemelos habían cumplido doce años y estaban entrando en la temida adolescencia. Elín era demasiado bueno, siempre actuó como el padre consentidor, así que me tocaba a mí ser la mamá policía; siempre colgada del celular para ver cómo iban las tareas, los partidos de fútbol o las citas médicas.

Le entregué la vida a este programa y no me arrepiento, aunque el precio fue muy alto. Para poder estar presente todo el año en el *set*, paré películas, *tours*, obras de teatro, presentaciones... ¡todo lo que yo era! Hasta mi físico pagó el precio cuando me rompí dos meniscos de los brincos que daba en los bailes que presentábamos en vivo. Doce horas trepada a los tacos tampoco me ayudaron.

Por otro lado, tanto sacrificio pronto surtió efecto y lo noté en mi nivel de popularidad. ¡No podía caminar por la calle sin que la gente gritara mi nombre! Desde Nueva York a México la nueva generación de latinos, y especialmente de mexicanos, me saludaban allá donde me encontraran.

Escándalo TV, bajo la dirección de Luz María Doria, no sólo me hizo más famosa sino que también me hizo más fuerte. Luz María me pedía mi opinión para la ejecución de las bromas, confiaba plenamente en mi *timing* y reconocía mi don para la comedia. Aunque ella tiene mucho temperamento y yo también, y por ello nos dimos nuestras buenas peleas, siempre terminábamos poniéndonos de acuerdo. Ella me gritaba en sus ansias de buscar la perfección del *show* y yo, a veces, cuando me colmaba la paciencia le contestaba fuerte. Al final, siempre terminábamos desayunando juntas en nuestro restaurante favorito como si nada.

Luz María quería ofrecer algo grande al público. Yo, testaruda, intentaba hacer algo todavía más grande. ¡Y creo que lo logramos! Con el empuje del resto del equipo, igualmente esencial, demostramos de lo que éramos capaces.

En menos de dos años, *Escándalo TV* hizo historia y no sólo levantó mi carrera y la de mis compañeros, sino que levantó todo un canal. La gente comenzó a conocer TeleFutura por nuestro programa. Junto con Jessica Benítez, nuestra productora general y Ronald Day, nuestro gerente y hombre inteligentísimo con mucha visión, pusimos a la nueva cadena en el mapa con tanto acierto que hasta comenzamos a ganarle en *ratings* a nuestra cadena madre, la invencible Univision.

De la misma manera que ocurre en los cuentos de hadas, en los que la hermana pobre termina brillando más que la hermana rica, nosotros logramos hacer mucho con poco presupuesto. Cada menisco que me rompí, insisto, valió la pena.

Nunca me imaginé que un programa de televisión pudiera significar tanto para mí. Porque *Escándalo TV* se convirtió en mi escuela. Escuela agridulce que, aparte de regalarme una gran familia, grandes enseñanzas y una fama como nunca antes en mi vida, también me trajo algún que otro disgusto que no voy a omitir.

Sin querer y sin darme cuenta, con este tipo de *show*, me estaba adentrando en las filas del enemigo y alguien me lo iba a dejar saber. Alguien que seguía cuidándome y que se preocupaba por mí y por mi nueva aventura.

30

DIEZ MUDANZAS
EN DIEZ AÑOS

Antes de continuar con las intensas experiencias de *Escándalo TV*, tengo que hacer un alto en el camino para confesar algo que pocos saben: soy la reina de las mudanzas. Cuando dije al principio de mi relato que yo firmé un contrato de vida nómada el día que me casé con Elín, no bromeo. ¡O tal vez lo firmó él conmigo! Porque creo que el problema soy yo, y no esta profesión bohemia que nos lleva de acá para allá.

No conozco otro artista que haya tenido tantos hogares diferentes como yo. El día que me di cuenta de mi vida extremadamente itinerante fue aquella tarde en la que pinché una goma saliendo de *Escándalo TV*.

—¡Maldita suerte! —maldije cuando sentí el volante vibrar y me orillé con cuidado a la salida de una rampa.

Estaba justo en una de esas enormes avenidas *expressways* en medio de la nada y de pronto lo vi venir. El carro se estacionó suavemente a mi lado y del flamante vehículo bajó Carlos Ponce. En cuanto salió de su carro, lo vi caminando hacia mí como en cámara lenta a la vez que se quitaba sus lentes de sol derrochando seguridad. Al plantarse frente a mí, me dedicó una de esas sonrisas tan suyas, de «medio lao» a lo Bruce Willis. ¡Casi me muero!

—Chary, ¿estás bien? Te reconocí desde lejos por tu pelo —me dijo entre preocupado y divertido—. Hmmm... veo que hay que llamar a los de la grúa. Si quieres te llevo a tu casa. ¿Dónde vives?

Y ¡zas! Ahí de pie, embobada frente a este príncipe azul que había llegado a socorrerme, no supe qué contestar. ¿Cuál era mi dirección? ¿Era en Brickell o en Key Biscayne? Por unos segundos me lo pensé hasta que pude recordar dónde estaba mi casa.

—Vivo en Key Biscayne o, por lo menos, ahí vivía esta mañana... ¡ja, ja, ja! —Le bromeé a mi simpático galán.

Luego les pude contar a mis amigas esta anécdota de «Ponce al rescate» y decir que me salvé de morir deshidratada en pleno *expressway* «por los pelos». Pero este encuentro me dejó pensativa: ¿cómo se me podía olvidar dónde estaba mi casa? Muy sencillo: desde que nos vinimos de regreso a Miami para trabajar en *Escándalo TV* nos habíamos mudado siete veces. En total, en los diez años que estaría en este programa tan popular, las mudanzas sumarían diez. ¡Una por año!

Lo peor es que si cuento todas las veces que he cambiado de casa desde que me casé, sobrepasan de cincuenta. ¿O tal vez son más de sesenta? ¡De locos!

—Somos una familia de gitanos —bromeaba Elín siempre; sin importarle tanta *movedera*, tanta caja y camión de mudanza.

Juro que ningún otro hombre me hubiera soportado estos arranques míos. Porque aunque muchas de las mudanzas las exigía nuestro trabajo, la inmensa mayoría de las veces era yo quien decidía que era hora de empacar. Las excusas eran muchas y variadas:

que si había encontrado una casa más amplia o más cerca de los estudios o con mejor piscina o más bello jardín. En otras ocasiones,
era lo contrario: que ahora quería un apartamentico más pequeño,
fácil de limpiar y manejar. Me cansaba de la locura de casa grande
y entonces quería reducir gastos y espacios.

Mi espíritu errante siempre ha sido feliz estableciéndose en
nuevos ambientes, conociendo nuevos vecinos e incluso haciendo
nuevos amigos. Mis hijos, inevitablemente, heredaron esta tradición. Hoy pueden estar en Los Ángeles y mañana en Nueva
York; son maestros haciendo y deshaciendo maletas. Siento que
los Ortiz-Goico tenemos raíces muy bien plantadas en San Juan
y Santo Domingo, pero nos sentimos ciudadanos del mundo allá
donde vamos.

Aunque hay días en los que dudo. No sé si tanto ir y venir
les afectó de alguna manera a Shalim y a los gemelos. ¡Perdí la
cuenta del número de escuelas a las que los inscribimos a lo largo
de los años! No me siento orgullosa de haberlos sometido a tantos cambios, a pesar de que ellos me insisten y me repiten que
fueron muy felices. Me dicen que disfrutaron de cada ciudad y
cada país, cada casa y cada aventura y que éso los hizo más fuertes para enfrentar la vida. Me cuentan que gracias a esta extraña
vida, nosotros, sus papás, nos convertimos en sus mejores y más
inseparables amigos.

Me gustaría que alguna vez me analizara algún psicólogo
para explicarme el significado de esta obsesión tan peculiar con
las constantes mudanzas. No sé si tiene nombre. ¿Síndrome de las
cajas de cartón? Porque yo sacaba las cosas al llegar a cada nuevo
hogar, pero siempre guardaba unas diez o doce cajas sin abrir,
como un mensaje subliminal que me recordaba: pronto te irás a

otra casa. Y como el *feng shui* no falla, a los pocos meses ya estábamos otra vez empacando para movernos.

Sin ir más lejos, durante el tiempo que me está tomando escribir este libro ya me he mudado un total de tres veces. ¡Y sigo
sumando!

Tal vez por eso soy muy desapegada de las cosas materiales,
porque entre tanta mudanza, todo lo pierdo, todo lo regalo y todo
lo dejo atrás. Nunca he sentido apego por ninguna vivienda, ni por
ningún carro o joya. No guardo zapatos ni ropa ni cuadros. Yo no
sé lo que es llorar por un objeto, y he perdido infinidad de cosas de
gran valor sentimental en garajes inundados por huracanes, mudanzas apresuradas, aviones y hoteles.

Viajar ligera por la vida es otro de mis grandes secretos para
mantenerme joven. Los recuerdos y los objetos pesan y envejecen.
Como dice la canción de Ricardo Ceratto que un día grabé en uno
de mis discos: «No quisiera pagar por mi largo viaje, exceso de
equipaje, pudiéndolo evitar, sólo ansío llevar mi mejor recuerdo,
si lo demás lo pierdo habré encontrado paz». Recuerdo que el día
que canté este tema en mi *show* en el Madison Square Garden, en
esa noche en la que abrió mi espectáculo el gran cantante y compositor argentino Palito Ortega, el público comenzó a treparse al
escenario y los agentes de seguridad no pudieron detenerlos. ¡La
gente conecta con esta letra, comprenden el mensaje! Y no pasa
de moda.

El desapego y la constante curiosidad nos mantienen jóvenes.
La capacidad de asombrarnos y emocionarnos por las cosas de la
vida retrasan la llegada de la vejez. Y yo creo que con mi constante
movimiento he burlado un poco a los años y a la edad. Bueno,
con eso, con ejercicio y comida sana... y ¡con todas las cremas del

mundo! Soy fanática de las cremas para la cara como lo era mi
mamá. Yo me compro y me pongo cremas caras, cremas baratas,
no me importa; yo las pruebo todas. ¡Cambio de cremas como de
casas!

Ahora ya sabes mi otro gran secreto. El secreto de esta rubia
de la televisión que entre tanta ida y tanta vuelta, estaba a punto
de meterse en problemas más serios, de esos que no se solucionan
con una simple mudanza. ¡Por algo nuestro *show* se llamaba *Escándalo TV*!

31

SENTADA SOBRE UN BARRIL DE PÓLVORA

—Chary, estás sentada sobre un barril de pólvora —me advirtió sabiamente Elín desde el primer día que me vio en *Escándalo TV* comentando sobre chismes de famosos.

—No sé a qué te refieres —intenté desviar la conversación aunque sabía hacia dónde iba—. Toda la vida he entrevistado gente.

—Sí, pero ahora no entrevistas. Ahora te piden que cuentes chismes y eso es dinamita —Elín me siguió explicando con respeto y serenamente—. Tú eres uno de «ellos». Tú eres artista y también eres celebridad. Siempre los trataste como uno de los tuyos y ellos se sentían cómodos compartiendo con uno de los «suyos». Tus entrevistas eran suaves, afectuosas o cómicas, pero tú jamás hablabas de ellos sin que estuvieran presentes.

—Entiendo lo que me quieres decir —me intenté defender—, pero es lo que se lleva ahora. La televisión cambió, ¡y el público quiere chisme! ¿Qué quieres que haga?

—Nada, Chary —me calmó mi pragmático esposo—. Sólo te pido que te cuides y que ese barril no vaya a explotar.

Y el barril explotó. Y yo me quemé. Porque quien juega con fuego, aunque se ponga guantes, se quema.

El nuevo mundo de la televisión se había vuelto más difícil, sofisticado y agresivo. Los divorcios, los maltratos, desamores y fracasos se aireaban a los cuatro vientos como si nada, muy diferente a mis otros tiempos. ¿Cómo iba a sobrevivir? Ahora, estaba sentada del lado de los periodistas, pero sabía cosas y secretos de los artistas que ellos mismos me habían confiado en cenas, rodajes de novelas o *shows* que hicimos juntos. ¿Qué debía hacer: callar o dar mi versión de los hechos?

—Nos llegan estas fotos de Luis Miguel divirtiéndose en su yate mientras que no ha visto a sus hijos en meses —mencionaba uno de mis compañeros al aire.

Inmediatamente, mi cabeza se volvía loca. «Ay, no, yo lo conozco desde que era niño y siempre fue amoroso conmigo. No puedo decir nada desagradable de él. Este muchacho no la tuvo fácil, no lo puedo juzgar», pensaba mientras la cámara se posaba sobre mí, en espera de mi comentario.

—Sí, pero es buen papá —dije de repente, porque no se me ocurría nada más.

Al salir del *show* uno de los productores me enfrentó:

—Ay, Chary, deja de defender lo indefendible que te ves falsa.

¡Yo me quería morir! Era imposible dar gusto a todos: a mis colegas artistas, a los productores, a las exigencias del guion y a los televidentes. Elín tenía tanta razón: esto era un peligroso barril de pólvora.

Uno de los primeros chismes que me dolió de manera particular fue el de la separación de Marc Anthony y Dayanara Torres. Todos los programas de farándula desde Estados Unidos a

Chiriquí, cubrieron este divorcio con total morbo, incluyendo nosotros en *Escándalo TV*.

—Yo no puedo, Luzma, no puedo hablar mal de mis compañeros —le decía yo a mi productora jefa—. No puedo echarles leña. Permíteme buscar la parte humana de ellos, el contrapunto de la nota.

—OK, Chary. Sé tú misma —Luz María escuchó mi ruego—. Comenta lo que quieras y hasta donde tú quieras.

Pero ni así me libré de los fogonazos. Y el primero llegó con un personaje muy querido por los niños. Una mujer noble y entrañable que no se merecía ser puesta en la palestra.

—Chary, te vas para México —me anunciaron en mi equipo—. Tatiana accedió a darte una exclusiva sólo a ti. Acaba de separarse de Andrés Fuentes y dice que sólo hablará contigo de ello.

—Vamos, espero no quedarle mal —le dije y luego preparé mi maleta para viajar hasta la bella ciudad de Monterrey, Nuevo León.

En cuanto llegué, la reina de los niños, la siempre alegre y cariñosa Tatiana Palacios Chapa me dijo:

—No, tú no te vas para el hotel. Te vas a quedar en mi casa a cenar y a dormir.

Pasamos dos días entrañables, tocamos el piano con sus hijos y me dio una sincera entrevista sobre el doloroso divorcio que estaba enfrentando. Creo que es la entrevista más profunda que he hecho en toda mi carrera. Sin querer, de esa conversación sincera nació una pequeña gran amistad. Yo, inocente de mí, pensé que se convertiría en otra bella relación como las que guardo hasta la fecha con Verónica Castro, Lucía Méndez, Gloria Trevi, Gloria Estefan y tantas otras talentosas mujeres.

Al terminar mi trabajo, nos despedimos y regresé a Miami.

Casi me muero al ver que teníamos en el programa a Andrés
Fuente, vía satélite, llorando y diciendo cosas de Tatiana que no
eran muy agradables. Recuerdo que Felipe tomó las riendas de esa
entrevista y yo, muerta del miedo de decir algo que hiriera a la
dulce Tatiana, me quedé callada y no salí a defender a mi nueva
amiga. Su ex la hizo añicos en televisión nacional y yo me quedé
como boba, sin saber para dónde patear la pelota.

—¡Y corten... a comerciales! —gritó el director de piso del
show.

—¿Pero qué te pasa? —me preguntó Felipe al ver mi cara de
angustia.

—Coño, no defendí a mi amiga. Me quedé atontada, no sé
qué me pasó. ¿Por qué nadie me avisó que iban a meter una entrevista en vivo con Andrés? Comprendo que le tienen que dar
el derecho de réplica, como en toda historia, pero me hubieran
sacado del *set* antes con cualquier excusa.

Esa misma semana, amigos que teníamos en común me contaron del dolor de Tatiana ante lo que habíamos aireado en nuestro
show, que también se veía en muchas partes de México, incluyendo
Monterrey. A los pocos meses, la tuve que enfrentar cara a cara.
Uno de los cara a cara más vergonzosos que he tenido que pasar en
mi vida. Fue en la boda de Lucía Méndez con Arturo Jordán. Yo
llegué al Four Seasons de Brickell, en Miami, con Elín del brazo
sin saber exactamente lo que me esperaba. Me habían dicho que
Tatiana estaría allí entre los invitados. Tal vez ésta sería la oportunidad para arreglar el malentendido y recuperar a esa nueva amiga
perdida.

¡Qué suerte la mía! Nada más entrar al lujoso hotel vi a la cantante de frente y, armándome de valor, caminé directamente hacia
ella. Tatiana, con un gesto serio y distante, me volteó la cara y se

fue hacia un lado. Con todo su cuerpo, con todo su ser, me dijo sin necesidad de recurrir a las palabras: «Tú ya no eres mi amiga».

El estómago empezó a dolerme. Nunca había sentido un desprecio así por parte de un compañero, de un colega artista. ¡Jamás! En mis casi treinta años de *shows* ininterrumpidos, nadie me había girado la cara ni negado el saludo. A partir de ese instante, la boda y la fiesta se convirtieron en una tortura para mí. En cuanto sirvieron los postres, le dije a Elín en el oído:

—Vámonos, yo no puedo seguir aquí. Siento que todos me miran, que ya no es lo de antes, que no soy bienvenida.

Era el año 2003 y el chisme de *Escándalo TV* y sus efectos no habían hecho más que empezar. Ésta fue la primera de muchas y tardaría años en acostumbrarme a estar sentada sobre este barril de pólvora tan peligroso.

La siguiente explosión me llegó de la mano de Luis Fonsi. Primero habíamos puesto al exitoso cantante en un pedestal porque se enamoró de Adamari López, que era nuestra consentida. Luego nos dieron la terrible noticia de que la queridísima Adamari padecía de cáncer. Después, nos invitaron a Elín y a mí a su boda. ¡La pareja iba a luchar junta y enamorada contra tan terrible enfermedad! Juro que fue la boda más bella que he presenciado.

Cuando llegó el divorcio, otra vez, no supe cómo reaccionar. Todos salieron a fusilar públicamente a Fonsi, a ponerlo contra el paredón. Yo me quedé callada, pensando que era gran amigo de mi hijo mayor. Luis, con su alma noble y buena, incluso ayudó a Shalim durante su etapa de cantante cuando se fue a presentar su disco a México.

Yo confieso que, en este tema de Adamari versus Fonsi, me dejé llevar por el calor del momento y tomé partido. Me dejé arrastrar por el drama y la adrenalina. Tal vez exageré mis comentarios, me metí de lleno en la piel de nuestra adorada Adamari. Tal vez no vimos que el amor de Fonsi fue necesario para que ella superara su enfermedad. Se nos olvida que hay amores que, una vez cumplido su cometido, deben continuar su camino.

Sinceramente, no fui objetiva. No pensé en Luis y en sus luchas internas, en lo que él sentía. Porque dicen que, si hubo amor del bueno, duele casi lo mismo dejar que ser dejado.

Años después, mi hijo Shalim y mi hija Sharinna se divorciarían. Con la lección aprendida de lo que viví con Fonsi y Adamari, opté por no meterme entre ellos y sus parejas. Dejé que solos decidieran las razones y los términos del divorcio y no opiné ni a favor ni en contra. Lo puse en manos de Dios y no juzgué a ninguna de las partes.

Otra persona con la que no me sentí nada bien fue Alicia Villarreal, a quien le dijeron que yo había comentado cosas muy desagradables de ella en el programa, cuando fue uno de mis compañeros quien realmente habló. El sentir popular era que si se decía en *Escándalo TV*, lo había dicho yo porque, para bien o para mal, mi rostro era la imagen del *show*. Lo digo sin ánimo de competir ni de alardear. Simplemente, yo llevaba mil años más de carrera que mis colegas, y eso se notaba a la hora de la popularidad y a la hora de asignar responsabilidades.

«Yo sé que me atacaste Charytín. Tú me atacaste y hablaste mal de mí», me mandó decir Alicia a través de una entrevista que le dio a un reportero. Hasta el día de hoy, no la he vuelto a ver para poder explicarle en persona que yo no fui quien dijo esas cosas, aunque lo intenté aclarar por televisión. Comprendo que son malentendidos del oficio y lo acepto con resignación. Un oficio que me traía tantos dolores de cabeza como alegrías, fama y cosas buenas. Porque sería muy injusto no contar también las cosas positivas que me trajo *Escándalo TV*. No quiero sonar desagradecida ni mala gente con estas confesiones. Simplemente siento que es el momento y el lugar de sincerarme.

Con *Escándalo TV* tuve la bonita experiencia de pasar unos días maravillosos en el rancho de don Vicente Fernández, quien ya era amigo mío y de Elín desde hacía varios años. En esta ocasión tuve la oportunidad de conocerlo más a fondo. En *Escándalo TV* también pude entrevistar a Jennifer Lopez. Fue su equipo quien nos llamó para solicitar que yo le hiciera una exclusiva en español que resultó hermosa y emotiva, porque contó cosas que nadie sabía de ella. La guapísima J.Lo se sinceró como nunca y confesó lo mucho que sufrió con los intensos dolores de parto durante el nacimiento de los gemelos. También me contó algo tan íntimo, sencillo y profundo como los sentimientos que le despierta el olor a lavanda, ese aroma que siempre le recuerda a su querida abuela.

¡Y cómo olvidar a la gran Jenni Rivera! Jenni no sólo me abrió su casa y su corazón en varias exclusivas impactantes, sino que la chica de Playa Larga me cedió hasta su cama. «Chary, tú no te vas al hotel», me dijo Jenni al concluir nuestra primera entrevista, «te quedas en mi casa. Toma mi cuarto que yo me voy al de invitados». Por dos días, desayuné entre los Rivera, cené entre los Rivera y llegué a conocer aspectos de la madre, de la hermana y de la mujer que otros no vieron durante esos días de fama y de gloria de la «Diva de la Banda». Y así, sin planearlo, la Diva se convirtió en mi amiga y sus llamadas empezaron a sonar en mi teléfono con cariño.

Con el paso del tiempo aprendí a manejar mejor este barril de pólvora del cual Elín me advirtió. Los últimos cinco años comencé a controlar yo al chisme y ya no permití que el chisme me controlara a mí. Con más visión y experiencia, me negaba a participar en ciertos segmentos y Luz María me respetaba y enviaba a alguien más a cubrir la nota. Si algún titular no me gustaba, yo lo decía al aire sin rodeos. Por un lado suavicé mis opiniones y por otro fui más directa con mi palabra.

—No hables con preámbulos —me aconsejaba Elín siempre atento a todos mis programas, tomando buena nota desde la casa.

En pocas palabras, *Escándalo TV* me humanizó en lugar de enfriarme. Me enseñó golpe a golpe a comprender y respetar más a la gente y a ser más cuidadosa con lo que salía de mi boca. Por todo esto, siempre estaré agradecida a TeleFutura, a Univision, a Luz María, a Jessica, a mis productores, a mis compañeros, a mis amigos artistas y a la audiencia que nunca nos abandonó. Todos, absolutamente todos, fueron mis grandes maestros.

Después de expresar mi gratitud, lo único que me queda en este recuento de una década gloriosa de televisión es pedir perdón.

Desde estas líneas le pido perdón a Tatiana. Me gustaría que me perdonara algún día, si es que llega a leer esto. Tatiana: no actué bien, no tengo excusa. No cumplí contigo y con nuestra amistad. Me rompí el corazón yo misma al causarte un daño injusto. Sólo deseo que me perdones, porque eres una de las personas más bellas que he conocido. Son diecisiete años sin hablarnos y todavía me siento mal. Para muchos sonará exagerado y podrán decir: ¿Cómo te puedes sentir mal por un chisme bobo de hace siglos? Mi gente bella: yo simplemente me siento así, y con la misma honestidad que confieso mi sentimiento, pido perdón a quien perdón merece que se le pida.

Y había otras personas más a las que les debía pedir perdón, porque no sólo los artistas estaban pagando el alto precio de esta locura y desenfreno llamado, muy acertadamente, *Escándalo TV*.

32

BLOODY MARYS
Y *HONEYMOONS*

—Qué te parece si celebramos tu renovación de votos de boda en Disney World? —me propuso por sorpresa Luz María Doria.

Llevábamos siete años de éxitos con *Escándalo TV* y habíamos alcanzado nuestra máxima popularidad. ¡Nos sentíamos en la cima del mundo!

—Tú estás loca, ni que yo fuera Minnie y Elín Mickey —le bromeé yo, pensando que era una de sus locas ideas para un *sketch* del *show*.

—En serio, Chary. Se nos ha ocurrido que te vuelvas a casar por todo lo alto en Disney y que lo televisemos.

¿Cómo rechazar semejante ofrecimiento? En casa todos éramos fans desenfrenados de Disney. Íbamos varias veces al año al parque de atracciones y nos veíamos todas las películas mil veces. Elín fue el primero en aplaudir de alegría cuando le conté sobre la invitación que nos hacían.

—Bueno, al menos esta vez no te dejarán de invitar por montar revuelo en el vuelo, como con aquella promoción de recién casados, porque en esta ocasión iremos en carro —me bromeó mi ocurrente esposo.

Sin más que debatir, nos metimos de lleno en las preparaciones para el gran día con la ayuda de Mari Santana, quien era la publicista de Disney en aquellos años. Elín y yo renovaríamos nuestros votos y, de paso, le brindaríamos un merecido reconocimiento a él como padre, esposo y colega maravilloso que siempre fue. Elín llevaba siglos tras bambalinas y, en esta ocasión, volvería a ser el rey del escenario, el centro de las miradas, como cuando actuaba en sus exitosas obras de teatro en San Juan.

El gran día llegó y todo salió a la perfección: las flores, la música, los trajes, los invitados de lujo y hasta los más mínimos detalles. Por segunda vez juré amor eterno ante las cámaras y el público, como en mi primera boda. De ese momento, lo que más recuerdo son mis tres hijos adultos a mi lado y la enorme sonrisa de Elín. ¡No le cabía en su rostro! Lo vimos rejuvenecer. Sus ojos se llenaron de vida y, aunque era un *show* diseñado para la televisión y para promover Disney entre nuestra audiencia, eso no le restó nada de magia. Para mi familia fue todo muy real y auténtico. Representó una linda conclusión de nuestro amor. Fue una oportunidad de constatar que nos queríamos. ¡Ay, cómo quisiera volver a vivir ese día! Uno de los mejores de mi vida. Un día perfecto, por lo menos hasta que llegó la noche.

Al final de tan emotiva jornada, nos alojaron en la *suite* presidencial del famoso *resort* donde Elín y yo intentaríamos pasar un tiempo romántico a solas. Y de pronto sonó el maldito teléfono:

—Hola Chary. Yuri, la cantante, tuvo un contratiempo —era Ronald Day, gerente general de TeleFutura—. Te necesito. No tengo presentadora de *Objetivo Fama* para mañana y vamos en vivo. Vente para Puerto Rico en el primer vuelo.

Miré los ojos de Elín que todavía echaban chispas de tanta felicidad, pero no pude negarme. Ronald estaba en apuros, *Objetivo Fama* era el otro gran *show* de mi canal, TeleFutura. ¿Con qué cara iba a decirle que no? Así es la televisión: tan maravillosa como exigente.

Otra vez me quedé sin noche de bodas, como tampoco la tuve cuando me casé. Y creo que esta segunda vez me dolió más que la primera. Sin demoras, hice la maleta y en pocas horas estaba de camino a San Juan. Abandoné a todos mis invitados con los que habíamos quedado para desayunar a la mañana siguiente. Y lo peor, abandoné a mis hijos que esperaban pasar un fin de semana maravilloso con su padre y conmigo. Y eso no me lo he perdonado hasta el día de hoy.

The show must go on [el show debe continuar]... Cada día me gustaba menos esa frasecita, aunque sé que jamás dejaré de decirla. Está en mi ADN de artista y no lo puedo evitar. Pero, pensando en esa noche junto a Elín en la *suite* presidencial y, sabiendo ahora lo que nos pasó después, siento que tengo que decirle a la gente joven: peleen por sus sueños, pero no dejen a un lado a su familia ni sus cosas personales, porque esos momentos no vuelven nunca. Y al final no merece la pena.

A los pocos días de regresar de ese viaje a sustituir a Yuri en *Objetivo Fama* sucedió algo muy significativo en nuestras vidas. Eran las doce de la noche y todavía tenía que preparar mis cosas para el día siguiente. Elín entró en el cuarto de Shary y le dijo en privado:

—Hija, me siento muy cansado. ¿Podrías venir a la otra habitación para ayudar a tu madre con todos los menesteres del *show* de mañana? Yo no puedo, de verdad que no puedo.

Aunque siempre actuó muy madura y sensata para su edad,

Sharinna era todavía una adolescente y yo estaba demasiado estresada y ocupada para darme cuenta de lo que verdaderamente estaba por suceder.

—Claro que sí, papi, yo voy —con esas sencillas palabras y sin saberlo mi hija tomó la batuta de mi carrera. Aceptó el relevo del gran don Elín en una y mil cosas en torno a la casa, la familia y mi trabajo.

Shary entró en mi recámara y de la manera más natural, comenzó a sacar vestidos y ponerlos en la cama. Me hizo preguntas sobre lo que íbamos a grabar en la mañana y si iba a necesitar un segundo conjunto para presentar algo más en la tarde. Me ayudó a preparar la bolsa de accesorios y de la manera más orgánica del mundo se convirtió en mi asesora, asistente, directora y contable. Y aunque con el tiempo se fue a la universidad a completar sus estudios, esta muchachita increíble, capaz e inteligente, nunca dejó de ser mi mano derecha en todo. Lo es hasta el sol de hoy.

Juro que nadie se dio cuenta de que Elín estaba quedando relegado a un segundo plano. Creo que él mismo hizo esta transición de manera sutil para que no nos percatáramos. No quería que descubriéramos ese secreto que estaba a vista de todos y que nadie vio porque él lo escondía muy astutamente.

Era el año 2008 y recuerdo que Martín, un astrólogo puertorriqueño muy famoso, me dijo:

—Tu hija fue tu madre en otra vida.

¡Cuánta razón escondían dichas palabras! Porque desde que yo la cargaba en brazos, mi hija velaba por mí.

Con Sharinna como nueva aliada, yo estaba entrando en una nueva etapa de *Escándalo TV*. Atrás quedaron esos primeros años donde me sentía novata y un poco fuera de lugar en la nueva era de la televisión. Ahora, aunque me sentía en control y disfrutaba cada minuto al aire, estaba exhausta. Cansada física y mentalmente. La fatiga se había convertido en una verdadera crisis en mi vida. Subí de peso por la ansiedad y el estrés que me producía el ritmo de un *show* diario. Llegaba tarde a casa, me ponía a hacer mil cosas y comía a medianoche. Luego, con el estómago lleno, no me podía dormir. Empecé a tomarme un vodka con salsa de tomate, una especie de *Bloody Mary* casual, para poder relajarme un poco. ¡Ay, Dios mío, cuánta gente del medio termina alcoholizada por el ritmo tan machacón que exige este trabajo!

Un año después, harta de tanto sentirme mal, algo cambió en mí. Llegué a casa, miré la botella de vodka y me dije: ya no más. La tiré por el fregadero. Nunca llegué a emborracharme, pero esa copa diaria era el principio de algo decadente y yo lo sabía. No necesitaba doctor, amiga o *life coach* que me lo dijera.

Yo misma me preguntaba: ¿dónde quedó esa niña que escribía canciones y poemas, que meditaba y paseaba sola por el campo para apreciar los árboles y las flores? Empecé a buscar tiempo entre múltiples compromisos para pensar en lo que estaba haciendo, para recapacitar. ¿Cómo podía sacar algo positivo de esta vida tan ajetreada como es la televisión en vivo?

Inmediatamente, cambié los *Bloody Marys* por los jugos y comencé a desconectar el teléfono una hora al día para sentarme a meditar. ¡Esas dos cosas tan sencillas me salvaron! Para darle un giro a tu vida sólo necesitas un cambio chiquitito. Eso es todo. No requieres un gran sacrificio. Lo que tiene que ser grande es tu fuerza de voluntad. Y en ese apartado, gracias a Dios, siempre he estado bien servida.

Yo llevaba ocho años comiendo de pie, sin hora de llegar a mi casa, sin ser dueña de mis días. Ocho años de experiencias maravillosas que me habían enriquecido como persona y como profesional. Y ocho años de locuras no muy agradables que ya he contado aquí. Nos hallábamos en la recta final. Algo estaba cambiando en nosotros y tal vez entre el público. No sé. Sólo Dios sabe por qué y cuándo las cosas llegan a su fin. Y este frenesí tan apasionante y absorbente llamado *Escándalo TV* se iba a terminar de golpe y sin previo aviso.

Se acababa una era dorada y empezaría otra llena de incertidumbre, especialmente para mí y para mi familia. Las luces se apagaban en el *set* y, poco a poco, la oscuridad también se extendería al seno de mi hogar.

33

DESEMPLEADA

Muchos dicen que cuando llueve, diluvia, sobre todo en mi querido Caribe donde no existe algo parecido a una suave llovizna. En mi tierra, cuando aparece una nube, agárrate porque te lleva la riada. Y éso nos iba a pasar a los Ortiz Goico. Esta vez, en lugar de huracán sería una tromba de cosas, una tras otra. Cosas que les suceden a todas las familias y que sé que muchos van a comprender de inmediato, porque han vivido episodios similares.

El primer golpe llegó con el adiós a Palmolive, ese potecito de jabón verde para lavar platos que ya era parte de mi familia y de mi identidad. Yo llevaba grabando comerciales y siendo la cara de Palmolive desde 1986. No recuerdo otra unión comercial tan larga como la mía con este magnífico detergente. «¡Mira, la señora del jabón lavaplatos!», me gritaban los niños por la calle, desde Chicago hasta Caracas. Creo que después de Elín, Palmolive fue mi segundo y más largo, fiel y satisfactorio matrimonio. Otro esposo perfecto. ¡Y para colmo era y sigue siendo el mejor detergente cortagrasa! Por mucho que inventen, el Palmolive les gana a todos. Por afirmar esto no me están pagando; lo digo porque es verdad.

Desde los años ochenta hasta el año 2010, cuando el romance

se terminó, lancé veinte potes distintos. Hasta hoy, cuando voy a casa de mis amigas, esconden la botella si es de otras marcas y me piden perdón. ¡Me tienen terror! Pero, ¿cómo no serle fiel a un potecito que me dio de comer, me fue fiel, me pagó la escuela de mis hijos y cada año me subía el contrato? A cambio, les firmaba exclusividad. Yo, totalmente enamorada de mi pote verde, era feliz con mi promesa de fidelidad. Lo malo de este amor «verde» es que se acabó, como todo en la vida y ya no hubo más contratos.

El siguiente adiós me llegó un viernes tempranito, año y medio después. La fecha no se me olvida: siete de octubre de 2011.

—Prepárense que van a hacer un anuncio grande —me avisaron algunas de las chicas de producción apenas llegué al *set* de *Escándalo TV*.

Esa semana yo había notado mucho silencio por los pasillos de TeleFutura. Cuando entraba en algunas oficinas, todos se callaban, e incluso vi gente nueva que llegaba a hacer audiciones. Decían que era para otro proyecto.

—No sé, Shary, pero algo está pasando —le comenté a mi hija—. Si no, ¿por qué están moviendo todo mi vestuario para otro lado?

—Hoy es nuestro último día al aire. Se termina *Escándalo TV* —lo anunció oficialmente esa mañana de viernes uno de nuestros jefes sin preámbulo, sin darle vueltas, sin endulzarlo.

«¡¿Están locos?!» pensé para mis adentros, sin decir palabra alguna. «Si hace un mes me renovaron contrato para todo un año». A los pocos minutos, Luz María Doria bajó para darnos un poco más de explicación. ¡Pero poco!

—Se decidió que el programa no sigue a partir de hoy; hoy termina a las dos de la tarde y ya no tienen que regresar más.

Hubo un silencio horrible, largo, eterno, y yo entré en *shock*.

En verdadero *shock*. En todos mis trabajos anteriores el final se discutía abiertamente. Nos anunciaban si nos quedaba un mes o dos de grabaciones. En esa mañana de viernes, la cosa era: «Recoge tus trastos que te vas. Tú y todos tus compañeros». Me dicen que así es la televisión moderna ahora. Yo, la verdad, nunca terminaré de acostumbrarme a ese sistema.

—Mami, vente para aquí. Necesito que me ayudes con todas mis cosas, que esto se acaba —llamé inmediatamente a Shary que estaba en la casa—. Ven y me acompañas en mi último *show*.

Estábamos maquillados, a punto de salir a cámara, cuando llegó el resto del equipo para despedirse. ¡Yo no lloré ni una lágrima! Nada. Estaba en «modo trabajo». Así me enseñaron en la vieja escuela. Mi mente sólo se concentraba en el *show* que estaba a punto de comenzar. Nuestro último *show*.

De mutuo acuerdo, decidimos no despedirnos de nuestro amado público hasta el final de las tres horas. Con la sonrisa más fingida del mundo, anunciamos el nuevo *show* que nos iba a sustituir. Recuerdo que dije:

—Nuestra compañera Marisa seguirá aquí este lunes con el nuevo programa *Tómbola*. Felipe y yo los veremos con cosas nuevas muy pronto.

—Los queremos para siempre —saludamos a todos con cariño y todavía en *shock*.

Nos entregaron flores, hubo muchos abrazos y elogios, besos y aplausos. Y en cuanto se apagó la cámara, con la velocidad que limpian los cines cuando se termina la sesión, entraron los del nuevo equipo y comenzaron a mover luces, decorados y escaleras como un torbellino. El nuevo programa empezó a las cuarenta y ocho horas, pero no tuvo éxito y duró muy pocas semanas. Lo que rápido empieza, rápido termina.

Yo, por mi parte, insisto: no lloré ni siquiera cuando llegué a mi casa con bolsas, cajas de vestuario y recuerdos de diez años. Como he dicho, no lloro por cosas materiales, trabajos o situaciones. Lloro por emociones más humanas, por la gente, por los que amo, por los que sufren.

Ese mismo fin de semana, hice un balance final de lo vivido:

—Sabes Shary, *Escándalo TV* para mí fue como una estantería de supermercado —le dije a mi hija mientras intentábamos organizar aquel tremendo revolú de zapatos, sombreros, abrigos, collares y vestidos—. En esa estantería yo agarraba de todo: halagos, envidias, amor, calumnias, apoyo, desveladas, enseñanzas, éxitos, insultos, fama. En diez años viví lo que no viví en treinta de carrera.

—Sí, mami. Tantas cosas buenas y tanta locura a la vez —me comprendió mi nueva gran aliada, siempre tan madura para procesar este tipo de situaciones.

—Lo único que me queda es pedirte perdón a ti y a Álex, tu gemelo, porque por este trabajo no los pude ver crecer como vi crecer a Shalim. Me perdí infinidad de momentos especiales de sus vidas.

—Así es este mundo —me intentó consolar mi «hija-madre».

—Sí, Shary, mi vida. Pero si sigues nuestros pasos, no dejes que esta profesión te absorba del todo —le aconsejé a mi confidente—. Guarda siempre un poquito para ti, para tu vida personal. Sé egoísta y no lo des todo. Porque los años no vuelven jamás. Y nadie te lo va a agradecer suficientemente.

Como dije antes, *the show must go on* [el show debe continuar], pero con cierta medida y cierto balance. Eso lo hemos aprendido a prueba de golpes muchos de los veteranos en este negocio. He visto vidas de mánagers, productores, reporteros, presentadores y directores consumidas por un proyecto. Los he visto enfermarse, divorciarse y terminar solos o en el hospital, pero con muchos premios sobre su escritorio. Supongo que es así en muchas otras profesiones. No me voy a hacer la mártir, porque no me queda. Sólo deseaba expresar este sentimiento por si a alguien le sirve de consejo. Nunca creas que un contrato, un trabajo o un proyecto es tu razón de vivir. Las únicas razones válidas son: Dios, tu familia, tu salud y, en mi caso, el público.

Entre estas tribulaciones sobre trabajo, familia y años invertidos, desperté el lunes siguiente a mi hora habitual de las seis de la mañana. Como siempre hacía, me dirigí al espejo del baño y al ver mi reflejo exclamé:

—¡Coño, Charytín, estás desempleada!

Yo, que nunca había parado de trabajar en mi vida, que antes de soltar algo ya tenía otra cosa, me volví confundida a la cama. Con Elín todavía dormido a mi lado y la mirada perdida en el techo, me pregunté:

—¿Y qué voy a hacer ahora?

Esa semana me sentí como un drogadicto cuando deja su droga. Empecé a extrañar a mi equipo, miraba el teléfono y no sabía si llamarlos. ¿Para qué? Echaba mucho de menos a mis productoras jóvenes que me contaban sus amoríos con sus novios, sus problemas con sus papás y tantas otras historias que ya se habían hecho parte de las mías. Extrañaba la música, los gritos, el ir y venir de la gente y la adrenalina que fluía por mis venas cada vez que escuchaba: «¡cinco, cuatro, tres dos, uno... *cue*!».

Han pasado diez años desde esa despedida abrupta aquella mañana de viernes. Y cuando me encuentro con algún camarógrafo, asistente, bailarina o productora en otros *shows,* o en las calles de Miami, todavía siento aquella sensación de familia y los abrazos son interminables. ¡Allí *sí* que lloro! Por la gente es que yo lloro. Por la gente que un día lo dio todo por un sueño que se convirtió en el sueño de todos.

Por cierto, nunca me dijeron la razón exacta por la cual se acabó el *show*. Jamás se sentó la gerencia conmigo para explicarme nada. Yo no guardo rencor por lo sucedido, pero sí un gran desencanto. Después de haber entregado casi once años de mi vida a un proyecto que empezó de la nada y terminarlo de una manera tan fría... ésto todavía me hace sentir defraudada.

—Chary, ¿estás bien, necesitas algo? —La primera llamada que recibí preocupándose genuinamente por mí, ese primer lunes de desempleada, fue la de Jenni Rivera.

Jenni estaba volando a uno de sus conciertos en México. Jenni, la mujer más ocupada del momento, la artista que vivía en la otra punta del país, se había acordado de mí. Jenni, la persona que cuando te brindaba su amistad lo hacía de verdad; y así me lo confirmó con esa llamada inesperada.

—Sí, sí, querida. Estoy bien, no te preocupes —le contesté para tranquilizarla y para agradecerle su bello gesto—. Es cuestión de enfrentar este nuevo reto con valentía y nada más. ¡Un reto más en nuestro largo camino de artistas!

Reto. A estas situaciones prefiero llamarlas retos en lugar de obstáculos o disgustos. Y si el final de *Escándalo TV* supuso un reto enorme para mí, ahora yo tendría que enfrentar otro todavía más difícil. Sólo que esta vez no sería en un *set* ni en medio de una entrevista. Esta vez, el reto más duro y complicado de toda mi existencia me esperaba en mi propia casa.

34

SEMÁFORO EN ROJO

En esta parte de mi relato, el dolor me invade y decido llamar a mi hija. No necesito su ayuda porque no recuerde lo vivido. Lo que pasa es que me duele tanto sólo de pensarlo que quiero que ella me ayude a organizar mis sentimientos mientras reviso estos delicados capítulos de mi vida. ¡De nuestras vidas! Porque lo sufrimos todos juntos.

Para esta desgracia familiar, hubo varias señales de alerta o banderas rojas, pero no las vimos o no las percibimos como lo que eran: alarmas de desesperación.

—¡Qué restaurante tan lindo! ¿Por qué nunca habíamos venido antes aquí, Chary? —exclamó Elín en cuanto nos sentamos en el famoso Casa Juancho en la popular calle 8 de Miami.

—Pero caramba, Elín, hemos cenado más de cien veces en este restaurant —le contesté yo pensando que era uno de sus chistes.

Estábamos en 2008. Yo andaba realmente agotada con mi *Escándalo TV*, así que no le di mucha importancia. Cenamos y nos fuimos a la casa.

—Elín, no me trajiste los espárragos —otro día la duda surgió al revisar la compra del súper.

—Chary, por favor, enséñame un espárrago para que yo sepa qué es y mañana te los traigo —me pidió muy serio. Tan serio que me confundió.

—¿Tú estás jugando, verdad, Elín? —le respondí creyendo que intentaba ser irónico porque yo le estaba reclamando algo.

Por esos días, Elín salía poco de la oficina que tenía en la casa. Se pasaba el tiempo escuchando música, comenzó a trancar la puerta y apenas convivía con nadie. Se ocultaba para que no viéramos lo que se avecinaba. ¡Ay, Virgen de la Altagracia! No puedo imaginar lo que sufrió un hombre tan inteligente, capaz, independiente y exitoso al sentir que su mente comenzaba a fallar.

Primero empezó a confundirse con las horas. Al descontrol del reloj le siguieron los mil y un relatos de su infancia. Nos los contaba una y otra vez. Y todos pensamos que era «cosa de viejitos».

Creo que empecé a preocuparme de veras un día mientras rezábamos juntos el rosario, como habíamos hecho durante todo nuestro largo matrimonio.

—Dios te salve María... —inicié yo esperando su respuesta, pero el «llena eres de gracia» nunca llegó. Silencio. Yo terminé todas las oraciones sola y él sólo dijo al final:

—Amén.

¡No podía ser que se le hubiera olvidado el «Dios te salve»! Por muy despistado que siempre fuera nuestro Elín, no se le podía olvidar una oración entera.

La gota que colmó el vaso fue un semáforo. Un semáforo y una multa que llegó a mi casa por correo. Cuando le mostramos la foto y el *ticket*, se quedó callado. Intentó hablar, pero las palabras simplemente no le salían.

—Llévenlo con el doctor Ibarra —nos recomendó Gloria Roblan, la madrina de Sharinna, que había venido de visita.

Entonces nos acordamos de que año y medio antes, Álex lo había acompañado a su chequeo de rutina donde el doctor Lago. Mi hijo siempre iba con él para todos lados como su fiel lazarillo. En esa ocasión le hicieron un test cognitivo y el resultado no fue muy bueno. ¿Cómo no le dimos seguimiento a eso?

—Elín tiene Alzheimer —mi comadre Gloria no se anduvo con rodeos—. No quiero ser pájaro de mal agüero pero tiene todos los signos del Alzheimer.

Al día siguiente fue Sharinna quien lo llevó con el doctor Eduardo Ibarra, un prestigioso psiquiatra y neurólogo.

—¿Cómo te llamas? —fue una de las primeras preguntas que el respetado especialista le hizo a Elín.

—¿Que cómo me llamo? —Elín, muy astuto, comenzó a reírse para desviar la atención—. Tú sabes bien cómo me llamo.

—A ver —continuó el doctor—, ¿en qué año estamos?

—¿No sabe usted en qué año está? ¿Cómo es posible que no lo sepa? —Elín continuaba volteando cada pregunta para evadir las respuestas que no tenía.

Para entonces estábamos en verano de 2012, yo llevaba casi un año desempleada desde que se terminó *Escándalo TV* y justo me disponía a iniciar un nuevo *show* en la cadena *Mega TV*. Un *show* que duraría dos años y del cual casi no recuerdo nada. El estrés y la lucha que estaba a punto de empezar en mi casa acapararían toda mi atención, energía y corazón.

—Chary, es Alzheimer. Creo que ya te lo esperabas —nos intentó explicar con serenidad el doctor Ibarra cuando yo fui a la segunda cita—. Es una enfermedad que consta de ocho etapas y Elín está en la sexta.

—Pero, ¿cómo no me di cuenta antes? Ahora que pienso ya lleva cuatro años así... ¡o más! —yo exploté en llanto y en un mar de dudas y culpabilidad.

—Chary, no podrías haber hecho mucho. Esta enfermedad no tiene cura y los tratamientos no son muy eficaces todavía —me intentó calmar el neurólogo—. Lo que lamento más decirte es que el Alzheimer que padece Elín va desarrollándose muy rápido y en siete meses estará mucho más avanzado. Quiero que te prepares porque pronto será otra persona completamente diferente a quien es hoy.

A partir de aquí, entramos en una carrera contra reloj en la que cada día era algo diferente y sin vuelta atrás. Como atletas olímpicos, nos alistamos para el pistoletazo y comenzamos a correr hacia el inevitable final.

35

UN SECRETO DESTRUCTOR

—¡Mira, mira lo que me llegó por correo! —me gritó Elín agitando una de esas cartas de promoción de American Airlines que no tienen ningún valor— ¿Dónde está mi dinero? Tú me estás robando. Tú y esa gente. Tú tienes mi dinero escondido, dime donde está.

Me dijo de todo. El hombre más pacífico, educado y sensible del mundo me estaba insultando y no escuchaba mis explicaciones de que esas cartas no valían nada. ¡Mi corazón se vino abajo! Yo no podía verlo así ni escuchar esas palabras. Llamé a mi hija que estaba en la universidad y le rogué que regresara. Yo sola no iba a poder con esta prueba que Dios estaba poniendo frente a mí. El doctor Ibarra no había exagerado con sus cálculos. El Alzheimer avanzaba a pasos gigantescos.

De la etapa de desconfianza e insultos, tuvimos que pasar a la más difícil: la de quitarle las llaves de casa, del carro y hasta su licencia de manejo y su teléfono celular. Quitarle esas libertades a un hombre tan inteligente y considerado, que siempre fue dueño de sus actos y de sus decisiones, fue algo atroz. Nos hizo sentir como monstruos, como los ladrones y abusadores que estaban despojando a un ser humano de sus últimos vestigios de dignidad. A partir de ese día, Elín se convirtió en nuestro bebe, en nuestro niño necesitado de supervisión las veinticuatro horas.

Al episodio de las cartas de American Airlines, le siguió el de las siete sillas y los siete cables. Esto es cuando el Alzheimer dispara la manía persecutoria en la mente de sus víctimas.

—Chary, alguien está intentando entrar por las noches a casa, yo lo sé —me decía nervioso y asustado—. Esperan a que nos quedemos dormidos y quieren entrar.

Sin que pudiéramos convencerlo de que nadie estaba intentando colarse para atacarnos, él se ponía manos a la obra y cada noche trancaba la puerta de la casa con siete sillas y siete cables que amarraba sistemáticamente entre sí, en un complejo enredo. Sólo de esta manera lograba irse a la cama tranquilo. En la mañana se levantaba temprano y con mucha técnica, quitaba los cables y las sillas. Dios quiso que no ocurriera ningún incendio porque no hubiéramos podido salir por esa puerta.

Y de ahí, empezó la etapa que llaman el síndrome de *sundowning* o síndrome vespertino. Es cuando los pacientes de Alzheimer o demencia se desorientan con los horarios: duermen de día y prácticamente pasan las noches en vela. Yo tampoco pegaba ojo si sabía que Elín no dormía, así que llegaba a los estudios de *Mega TV* acabada. No sé ni cómo encontraba fuerzas para maquillarme y sonreír.

En esa etapa de encierro y control, y aconsejada por los doctores, Sharinna se metió en la computadora de Elín para ver que todo estaba bien y su mente asustada y nublada no planeaba nada peligroso. Lo que encontró nos partió el corazón en mil pedazos. Era una carta que escribió en 2010. Esta carta nos confirmaba que, en efecto, él ya sabía que algo andaba mal y nos lo ocultó cuanto pudo. El destinatario de esta honesta, pero dolorosa misiva no era otro que Dios.

> *«Querido Cristo-Padre: me siento acorralado... a veces pienso que no sé quién fui y tampoco quién soy. Mi experiencia se quedó enjaulada en el tiempo... me siento solo, sin nadie que pueda entenderme. ¡Solamente tú, Cristo-Padre! El poco o mucho tiempo que pueda estar pisando sobre esta tierra quisiera que me ayudaras a romper la jaula que yo mismo me impuse para ayudar a mi familia... ¡Ayúdame, Cristo! A que pueda nadar hasta la orilla, donde resplandezca el sol en mis ojos, en mi espíritu... para volver a ser quien fui y quien podré volver a ser. ¡Gracias por oírme, Cristo-Padre! ¡Gracias!».*

¡Esa jaula de la que él hablaba años antes, premonitoriamente, hoy ya era una realidad! Dentro y fuera de su mente, Elín no gozaba de libertad ni siquiera para ser consciente de que estaba preso de la terrible enfermedad.

En esos días de cansancio y zozobra, empecé a extrañar a mi compañero. A aquel ser tan inteligente que siempre tenía un consejo sabio que darme y un gesto para hacerme sentir comprendida.

—Señor, sé que Elín ya no es el mismo, pero no te me lo lleves —le rogaba a Dios cada noche antes de cerrar los ojos, exhausta—. Déjamelo a mi lado, porque enfermo o no, sólo de sentirlo cerca me da fortaleza.

Durante esas noches de silencio y soledad, alguien muy querido en millones de hogares salió a mi rescate: la doctora Polo. La popular Ana María Polo y su programa diario fueron mi medicina para no volverme loca y ella ni lo sabe. Yo llegaba a casa de trabajar, me aseguraba de que Elín estuviera bien atendido y me sentaba a su lado en el sofá para ver *Caso Cerrado*, como habíamos hecho los dos durante décadas. Sólo que ahora no había complicidad ni intercambio de comentarios. Yo me perdía en las palabras de la jueza implacable pero de enorme corazón, en las historias de familias y los consejos que ella daba. ¡Qué loco! Hoy sigo viendo los *re-runs* de su *show* siempre que puedo y me siguen dando sensación de paz.

Mientras, en mi trabajo, nadie notó nada. Yo me había propuesto, una vez más, que el *show must go on*. El público tenía que recibir alegría aunque yo en la noche llorara mis penas. Recuerdo que por ese nuevo *set* de *El show de Charytín* en *Mega TV* pasó Maluma, cuando apenas empezaba su carrera. J. Balvin, Olga Tañón, Gilberto Santa Rosa y Enrique Iglesias fueron otros de los que me acompañaron en más de una ocasión y yo nunca les conté nada.

—¿Cómo está Elín? —me preguntó la talentosa Olga, que siempre fue gran amiga de nuestra familia.

—Muy bien, en casa. Ya tú sabes, con su música y sus cosas —le respondí yo intentando sonar tan casual como podía.

Si Elín nos lo ocultó casi por cuatro años, yo logré esconderlo de mis compañeros y del público casi por dos. Este *show* también se terminó y entonces la gerencia de *Mega TV* me propuso que viajara a Puerto Rico para grabar otros programas que querían empezar.

—No, no puedo volar. Elín no puede subirse a un avión y yo no lo puedo dejar solo ni un solo día —finalmente me sinceré y conté lo que estábamos viviendo en mi casa.

Me sentí aliviada. Tanto tiempo escondiendo algo tan doloroso estaba empezando a causar estragos en mí. Agotada de tanto secretismo, decidí llamar a mi fiel y buena amiga Patricia Vargas, periodista de *El Nuevo Día*. Si tenía que anunciárselo al mundo lo haría en el periódico número uno de San Juan, donde siempre había compartido los momentos decisivos de mi vida.

Es curioso, del mismo modo que algunas penas duelen más en público, como cuando perdí a mi bebé, hay otras desgracias que compartidas se suavizan bastante. Y ésta fue una de ésas. Una vez que Patricia anunció al mundo que don Elín Ortiz estaba en su última etapa de Alzheimer, una enorme sensación de alivio se apoderó de mí.

Tengo que recalcar que los medios trataron la noticia con sumo respeto. Siempre me he sentido respaldada por la prensa y por las personas del medio y se lo agradezco desde aquí.

A partir de esa entrevista exclusiva, mi secreto dejó de ser secreto y comencé a recibir mensajes de amor, apoyo y solidaridad de todos mis compañeros y del público. Por esos años, el Alzheimer apenas se mencionaba y menos entre los hispanos. Nos faltaba mucha información. Yo no sabía qué contestar a muchas de las preguntas que me hacían. ¡Era todo tan confuso!

La enfermedad en sí es extraña. Por un lado, el Alzheimer me unió más con familias de la audiencia y de la comunidad que estaban pasando por la misma triste situación. Por otro, en mi casa, con mis hijos, causó el efecto contrario. Todos nos distanciamos un poco. El estrés, las preocupaciones, la incertidumbre... no sé, nos daba miedo hablar del tema; no queríamos ponernos tristes los unos a los otros.

Precisamente, por lo que nosotros vivimos en familia, decidí contar con todo detalle este capítulo de la enfermedad de Elín. Porque si algo aprendimos de esta desgracia fue que lo que no se cuenta, no se enfrenta. Y lo que no se enfrenta, no se arregla. Es lo que ha sucedido con el Alzheimer durante tantos años. El silencio es el mejor aliado del olvido. De ese olvido irreversible y mortal.

No soy experta, no soy doctora, pero conviví lo suficiente con esta enfermedad en mi hogar como para aprender un par de cosas que quiero y debo compartir.

Primer consejo: tenemos que escuchar las señales, por muy tontas que parezcan, e ir al doctor. Si de unos meses para acá me olvido dónde dejo las llaves, el carro, o lo que dije, tal vez no sólo es el estrés o el cansancio. Si últimamente se me borran de la cabeza las películas que acabo de ver, o se me olvidan las letras de las canciones que siempre me sabía, puede que sea momento para buscar ayuda. No esperes. Pregunta, indaga, confíale a tu médico lo que te pasa. Más vale prevenir que lamentar.

Segundo consejo: si alguien en tu familia ya fue diagnosticado, siéntense juntos a hablar, expresen lo que están sintiendo, compartan entre todos sus miedos, ideas o sugerencias. Conozco familias que se han enemistado y separado para siempre por no haber sabido cómo lidiar con esta terrible enfermedad. Una vez fallecido el enfermo, continúan sin hablarse porque uno considera que el otro no ayudó lo suficiente; o que el otro no se solidarizó o no sufrió tanto como los demás. Y el enfermo nunca supo que su familia quedó destruida por su padecimiento.

Insisto: cuando llega el diagnóstico, si la familia no se reúne, habla, planea y se organiza van a terminar divididos por este «amigo Al», que de amigo no tiene nada. Pelearán por horarios, por dinero, por responsabilidades, por decisiones que se toman sin tener a otros en cuenta. ¡Las razones para pelear sobran! Y en mi casa casi nos dividimos por lo que vivimos junto a Elín, aunque por suerte supimos ponerle remedio a tiempo.

En una familia golpeada por el Alzheimer, todos sufren. El enfermo es devorado por el olvido y los demás por los enfrentamientos, las frustraciones y los corajes. Solos no vamos a poder ganar esta guerra, hay que unirse más que nunca.

Y en medio de esta batalla sin cuartel, los Ortiz Goico íbamos a perder otra guerra. Una lucha muy similar a esta que estábamos librando en nuestro hogar, pero que ya estaba perdida hacía tiempo y que igualmente nos iba a doler. Porque hay heridas que crees cerradas y luego no lo están. No del todo.

36

PERAS DULCES, PERAS AMARGAS

Doce de diciembre de 2012. Una fecha que jamás olvidaré: 12-12-12. Fue un día en el que todo empezó mal y terminó peor. Esa mañana Elín, cada vez más frágil y olvidadizo, se tropezó y se cayó al suelo lastimándose en varias partes del cuerpo.

—Señora, creo que está muerto. No se mueve —me asustó la empleada que venía a ayudarnos a casa durante unas horas.

Pronto nos dimos cuenta de que Elín respiraba, calmado, y tan sólo estaba magullado por la caída.

En esa misma mañana, a quien se le olvidó respirar y falleció sin más fue a mi padre: el honorable Juez de la Suprema Corte de Justicia de la República Dominicana, don Salvador Goico Morel. A sus noventa y dos años su corazón se detuvo. Don Salvador también llevaba largos años batallando con el Alzheimer, con ese molesto y atrevido «amigo Al» que nadie invita pero que siempre llega sigiloso y que hace que se nos borren de la memoria hasta las funciones más básicas. ¿Cómo puede olvidársele a una boca tomar aire y a un corazón latir?

Elín no estaba todavía en esa zona del olvido total, pero la llamada para comunicarme la partida de mi padre fue un aviso de lo que nos esperaba. Porque el desagradable «amigo Al» nunca deja su visita a medias, no se va hasta asegurarse de que llega el final.

—No puedo, no puedo ir a Santo Domingo. No puedo dejar solo a Elín ni un instante en la condición que está tras su caída —les dije a mis hermanas en esos primeros minutos al teléfono intentando asimilar lo sucedido—. Ustedes encárguense de llevarlo a su última morada que yo desde aquí rezaré, pero no me puedo subir a un avión ahora.

Al colgar, mi memoria se cubrió de grandes nubarrones de tormenta y comencé a escuchar los truenos a lo lejos, por encima de las olas y por las verdes montañas del interior de la isla, en mis días de infancia. Entonces me acordé. Me acordé del terror que mi padre le tenía a esos fuertes aguaceros con relámpagos que iluminaban la casa como una discoteca. Creo que era durante esas horas de truenos cuando yo sentía a mi padre cerca y por un rato dejaba de ser el hombre al que yo temía por los pasillos de la enorme casa. Don Salvador, el respetable y valiente juez de la nación, se moría del miedo con las tormentas y me subía a la cama junto a él, me abrazaba y esperaba entre rezos que amainara el temporal. «Santo Dios, Santo Fuerte, Santo Inmortal, ten piedad y misericordia de nosotros, líbranos Señor de todo mal». Repetía con devoción esta pequeña oración que hasta el día de hoy yo recito cada vez que veo un rayo surcar el cielo. Para mí, en mi mente de niña, esto era como un juego divertido, una oportunidad para abrazar a mi padre por unos minutos y dejarme abrazar sin temores. Porque el resto del tiempo, yo les tenía más pavor a las peleas que resonaban por la casa que a los truenos que hacían retumbar la ciudad entera. ¡Qué cosas! Ahora, don Salvador descansaba en paz, lejos de los ruidos de este mundo.

Tengo que admitir que mis hijos y mis sobrinos, al igual que

mis cuñados y Elín, tuvieron la suerte de conocer a un hombre
que nada tenía que ver con el padre que mis hermanitas y yo enfrentamos de pequeñas. Mis hermanas y yo le dábamos gracias
al Señor por habernos regalado a todos la oportunidad de ver
otra faceta de don Salvador en sus últimas décadas de vida: la de
abuelo divertido, buen suegro y la de padre más comprensivo una
vez que todas nos habíamos casado.

También recuerdo que, en las últimas veces que lo fui a ver, su
mente ya no estaba presente, aunque siempre me reconoció. Se le
olvidaba su nombre, en qué día estaba o si había comido, pero en
cuanto me veía entrar por la puerta exclamaba: «¡Charytín!». Yo
me le acercaba y le entregaba su bolsita de peras dulces, esas peras
verdes que importan desde España y que a todos vuelven locos en
mi país. Una obsesión por estas deliciosas frutas que don Salvador
compartía con doña Charito, los dos golosos por sus peras dulces.

En ese último año, en pleno delirio de la enfermedad, si le
mencionábamos a mi madre, él decía: «¡Esa española es más ás-
pera que las avispas!». Y sus ojos se iluminaban durante dos segundos.

Esa española, Charito, sabía que varios en la familia íbamos a
visitarlo; que Isabel Laura, Mari Pili y sus esposos Nano y Orlando
se la pasaban metidos en la residencia de ancianos donde lo cuida-
ban a cuerpo de rey. Pero ella jamás lo fue a ver ni mostró mucho
interés por lo que sabía que estaba pasando. Estoy segura de que en
privado les preguntaba a mis hermanas por él, pero eso era todo.
Preguntas piadosas: «¿Cómo está tu padre? Gracias a Dios que
está bien». Y punto.

Me contaron que cuando le dieron la noticia de que mi papá
había muerto, ella se levantó y dijo su célebre frase:

—Saquen mis trajes negros, pues yo ahora me visto de luto.

Doña Charito no puso pie en el funeral de don Salvador, pero mantuvo el luto un año entero, tal como dicta la tradición. Yo no recuerdo hablar de la muerte de mi padre con ella. ¡Ni palabra!

Los que sí hablaron y demasiado fueron algunos personajes que pecaron de desinformados: «El alcalde de Santa Lucía de El Seibo propone al cabildo que se declare persona no grata a la artista Charytín Goyco por abandonar a su padre y no acudir al funeral». Así lo anunciaban algunos titulares de prensa local en mi país. En esas noticias sin pies ni cabeza me acusaban de haber recluido a mi padre en un asilo para locos y de haberlo abandonado a su suerte, cuando la única verdad es que don Salvador jamás estuvo solo ni desatendido.

Si soy honesta, de lo único que me podrían acusar sería de no haber asistido al sepelio. Confieso que podría haber hecho un último esfuerzo, que podría haberle pedido a mi hija que volara a Miami y se quedara con Elín para que yo me subiera en un vuelo relámpago para alcanzar a llegar por lo menos a la misa. Pero no insistí porque para mí era muy duro alejarme del hombre que tanto me había amado y que tanto me necesitaba ahora.

A más de un año de la partida de nuestro padre, las tres hermanas finalmente nos sinceramos y nos atrevimos a hablar por primera vez de esas cicatrices y de aquellas escenas de dolor y violencia enterradas en lo más profundo de los secretos de familia. Lo hicimos porque mi hija Sharinna, siempre muy perceptiva, sospechaba que había partes de la historia del abuelo que ella desconocía. Le contamos a Shary lo mal que lo pasamos. Recordamos juntas algunos de esos otros episodios de incertidumbre y miedo en el hogar, que yo aquí no contaré porque sólo les corresponde contarlos a mis hermanas, si algún día así lo desean. Sin reservas ni hipocresías nos desahogamos y nos confesamos cosas que vimos en casa y que nunca habíamos compartido antes entre nosotras mismas. ¡Tanto fue el hermetismo!

Mientras, en El Seibo nadie secundó la moción de aquel alcalde desinformado y todo quedó en titulares amarillistas sin fundamento.

Seamos declarados gratos o no gratos por otros mortales en este mundo, de poco sirve. Lo importante es la justicia divina. Y a mí me consta que Dios perdonó a mi padre, don Salvador Goico Morel, un hombre que siempre fue muy creyente y lleno de fe. Yo sé que nuestro Padre Celestial lo recibió en su seno sin deudas pendientes, porque así es Su Amor: sin condiciones, sin rencores.

37

SIETE VIDAS

—Chary, es ahora o nunca —me dijo nuestro entrañable Joe Bonilla por teléfono—. Tengo una propuesta que no puedes rechazar. Voy pa' tu casa mañana.

Joe es un mánager y publicista de grandes artistas con el cual ya había trabajado en algunas ocasiones. Él fue quien me negoció mi nuevo *show* en *Mega TV* y tantas otras cosas. Un exitoso boricua, admirador de mi esposo de toda la vida, parte de esa generación de puertorriqueños que crecieron viendo y disfrutando los *shows* de don Elín Ortiz. Nos conocía bien a toda la familia y también había representado a Shalim en algunas etapas de su carrera musical. Joe sabía perfectamente por lo que estábamos pasando los Ortiz Goico y estaba dispuesto a ayudar como fuera.

Inmersa en mi trabajo y en los cuidados de Elín, había mañanas que no encontraba fuerzas ni para ponerme el labial. Y sin labial, simplemente no existo, no funciono. Pero como de Joe no te puedes esconder tan fácilmente, acepté que me visitara. Creo que Mr. Bonilla es casi tan tenaz como yo cuando se le mete algo en la cabeza, y esta vez no iba a ceder.

—OK, Joe, pero si vienes deja que me arregle, porque así como estoy no permito que me vea nadie.

Con la poca vida que me quedaba, me quité los rolos y me puse presentable.

—Vas a grabar. Regresas a cantar —Joe me tiró la bomba nada más llegar—. Te me vas para el estudio.

—Tú sí que estás loco, yo no he metido un pie en un estudio desde hace tiempo —le contesté.

—Precisamente por eso; tienes que volver a grabar y te tengo a la compositora de moda, a Erika Ender, para que elijas uno de sus temas —Joe lo tenía todo muy bien planeado—. Tienes que hacerlo, Chary, por Elín, hazlo por Elín.

—Tienes razón, por él debería volver a cantar. Si no es por él, ¿por quién más? —Acepté ante este contundente argumento—. Pero grabaré sólo una canción, no estoy para un disco entero, y tiene que ser un tema alegre.

Sin esperar, hablamos con Erika, quien nos presentó un tema que había coescrito con Joel Enriquez y que me encandiló desde el principio: *7 Vidas*. Joe consiguió también la colaboración de Joselito, el conocido reggaetonero puertorriqueño, para darle un toque moderno a dos voces. El video lo grabaríamos en la región de La Romana con la ayuda de mi hijo Álex, en mi bella isla de República Dominicana, respaldados por el Ministerio de Turismo de mi querido país. Para entonces Álex ya se había convertido en todo un profesional de la producción, dirección y edición. Sin duda, mi gemelo es un artista 360, como les llaman ahora, porque además de actuar, sabe de todo. ¡Hasta se ha ganado un Emmy! Es igual que su padre.

Cuando concluimos la grabación y los arreglos de esta canción, la pusimos en casa a todo volumen para que Elín la escuchara. Sus ojos brillaron por dos segundos para luego perderse en la niebla del olvido. Supe que le gustó y que se dio cuenta de que era mi voz, pero hasta ahí. No hubo comentarios, no hubo más expresiones de alegría ni emoción de ninguna clase. Me pregunto si se dio cuenta de que esa canción era nueva, me pregunto si comprendió que se la grabé para él, para celebrar su pasión por la música y por haber sido siempre mi fan número uno.

Porque, en esta historia, si Elín fue mi fan más grande, el sentimiento de admiración era recíproco. Yo fui su fan más devota, su admiradora número uno, y yo iba a estar junto a él aplaudiéndole hasta su último suspiro.

Había llegado la hora y yo lo sabía. Simplemente me negaba. Yo no quería admitirlo. Me resistía a cantar la que sería nuestra última canción.

38

A LA SOMBRA DE UNA CEIBA

—Mamá, tú tienes que dejarlo ir —Shary me enfrentó dulcemente pero con firmeza—. Papi no se va por ti, porque le da dolor dejarte sola. Dile que tú estarás bien, que no se preocupe. Pero si tú no hablas con él, no se va a ir.

Habían pasado casi cinco años desde el fatídico diagnóstico y para todos los médicos era un milagro que Elín siguiera con vida. Con el Alzheimer tan avanzado que tenía, resultaba prácticamente imposible que no se hubiera ido todavía. Y Shary dio en el clavo: Elín no se iba por mí. Llevaba meses sin moverse de la cama. Era hora, y esas palabras de mi hija me dieron el valor que me faltaba.

Entré al cuarto sola y cerré la puerta. Me senté a la orilla de la cama y le dije a mi querido don Elín:

—Escúchame, tú tienes que partir. No quiero que sufras más. Yo estoy bien, por mí no te preocupes. Tú y yo nos veremos pronto en el Reino de Dios. Pero ahora te pido que partas para evitarte más sufrimiento. Nos vamos a encontrar de nuevo, pero ahora quiero que te vayas tranquilo, feliz. Yo te prometo que cuidaré de tus tres hijos. Tú, mientras tanto, ve con tus dos hijas que allá te esperan.

Continué hablando durante unos minutos más y sé que me escuchó perfectamente. Sé que me comprendió y estuvo de acuerdo con todo lo que le expliqué, aunque no articuló palabra alguna. Llevaba dos años sin hablar ni comunicarse con nosotros con excepción de cuatro semanas atrás. Sin que nadie se lo esperara le dijo con gestos a Álex: «Te amo». Un momento muy valioso que mi hijo alcanzó a grabar con su teléfono y que hoy es su mayor tesoro.

A las pocas horas de mi ruego junto a su cama, Elín Ortiz Reyes partió de este mundo en absoluta paz. Su corazón dejó de latir y su alma voló alto, libre, sin más dolor.

En medio de esta tristeza había que tomar mil y una decisiones. Tenía que elegir detalles como la ropa con la que lo vestiríamos para su despedida, y lo único que saqué del armario fue la corbata plateada que le regaló el fotógrafo y diseñador venezolano Nicolás Felizola años atrás. Siempre fue su preferida.

¿Y la funeraria? ¿Y las flores? ¿Y las invitaciones? ¿Y los horarios? Eran un montón de cosas por hacer y claramente no podía con todo. Sin que se lo pidiera, y como por arte de magia, llegó Joe Bonilla de nuevo al rescate, esta vez acompañado de Gloria y Emilio Estefan. Los tres se dieron a la tarea de «producir» el funeral del gran productor mientras yo me refugiaba en casa de Luz María Doria, quien me invitó a quedarme con ella y con su familia.

A los dos días estaba todo preparado. El evento se inició lleno de amor, armonía y belleza, como si lo hubiera producido el mismo Elín. Fue lo más bello del mundo. Lo velamos muchas horas, nadie se quería ir. Lo hicimos con féretro abierto. ¡Se veía tan lindo con su traje y su corbata plateada! Como si estuviera durmiendo.

Mi corazón y mi mente rebosaban de dicha al ver cuántas personas se acercaban a dar el último adiós a nuestro Elín. Sentía un gran orgullo al ver lo amado, admirado y respetado que era el padre de mis hijos. Eso me ayudaba a mantenerme en pie.

Una vez concluidas la recepción y la ceremonia, cumplimos con el último deseo que Elín dejó escrito: quería ser cremado.

—Hijo, ¿qué vamos a hacer con las cenizas de papi? —le pregunté a Álex—. Yo sólo sé que a él le hubiera gustado que las lleváramos a Puerto Rico.

—No te preocupes, Joe tiene una idea: va a llamar a los estudios de WAPA-TV para organizar que la urna descanse allá y yo te voy a acompañar —Álex no me iba a dejar sola en este último tramo del camino. La verdad es que mis tres hijos estuvieron en todo momento presentes y unidos durante estos días extraños y difíciles.

El presidente de la prestigiosa cadena de televisión, Joe Ramos, accedió. Acordaron construir una pequeña columna de mármol junto al famoso «Árbol de la Esperanza». Así llaman los puertorriqueños a la enorme ceiba que da sombra a la entrada de los legendarios estudios.

En pocos días hicieron todos los preparativos y Álex y yo volamos con la urna. Sharinna se reunió con nosotros al día siguiente. Shalim estaba grabando una película en Europa y no pudo alcanzarnos. Recuerdo que, entre muchas otras invitaciones que hice, le encargué a unos amigos de la prensa que llamaran a Iris Chacón para pedirle que se uniera a esta última ceremonia. Iris estaba también fuera del país y no pudo asistir, de lo contrario no me cabe duda de que hubiera hecho acto de presencia.

Esa mañana, bajo la enorme y frondosa ceiba, finalmente me derrumbé. Las lágrimas que todavía no me había permitido derramar brotaron sin cesar. Al ver a todos los antiguos colegas y amigos de Elín, no me pude contener. Allí, abrazada a esa sencilla columna de mármol negro donde depositamos la urna, confirmé lo que ya sabía: mi esposo era el más querido por todos. Por eso yo lo amé tanto, porque era fácil amar a Elín. Ahí estaba la prueba, ante mis ojos, entre los cientos de asistentes que se acercaron a rendirle honores al maestro.

Y de nuevo, atrás quedaban los abrazos, los recuerdos, los rostros amigos y las flores. Era la hora de la verdad: tenía que volver a enfrentar la vida con mi luto y mi soledad. Dicen que lo difícil llega luego, cuando la gente se va y tú te quedas sola en la habitación de hotel, escuchando el silencio.

—No, yo no me regreso a Miami, me voy a Santo Domingo. Lo que yo necesito ahora son los brazos de mi madre —le dije a mis hijos y emprendí rumbo a mi país.

Mi madre me esperaba tranquila, sentada en su sillón del cual ya casi no se movía. Esos días aproveché para caminar sola por las calles que me vieron crecer. Me volví a sentir niña, pero ahora era una niña que tendría que crecer definitivamente. De la tutela de mis padres, había pasado directamente al cuidado de Elín. Nunca había vivido sola, nunca había tomado decisiones completamente independiente, nunca había cargado gasolina en mi carro ni tantas otras cosas mundanas de las cuales siempre se había encargado él. Sin Elín, yo tenía que ser ahora una niña grande.

Una vez que pasé suficiente tiempo junto a mi santa madre y mis hermanas adoradas para retomar fuerzas y sanar un poco la enorme herida, decidí que era momento de regresar a Miami y al *show business*. ¡Yo no conocía otra vida más que ésa! Pero antes, quise hacer algo que tenía pendiente: me fui a misa, a la Catedral Primada de las Américas, y pasé a comulgar. Cuarenta y cinco años después, la niña de la calle Doctor Delgado esquina Luisa Ozema Pellerano, la hija de doña Charito y don Salvador, se puso en fila, esperó su turno y tomó el cuerpo de Cristo, amén. Ahora, como viuda, no contaba con ninguna limitación. Yo ya no era casada con un divorciado. ¡Así de católica clásica soy yo!

Una vez montada en el avión rumbo a iniciar una nueva vida, pensé en mi buena amiga Celia Cruz. Nuestra amistad siempre fue de escenarios, aviones en los que nos encontrábamos, vacaciones compartidas e infinidad de cenas juntas. Me acordé de la primera vez que cruzamos caminos, precisamente en una aeropuerto. Yo era muy jovencita y llevaba sólo semanas de casada. Elín ya era muy buen amigo de la guarachera y de su Pedro. En esa ocasión, me dije: «Así quiero que sea mi matrimonio, como el de Pedro y Celia». Me enamoré instantáneamente de esta pareja que parecía hecha de algodón: tiernos, respetuosos, afectuosos. Siempre se miraban con tanto amor que yo nunca he vuelto a ver algo así. Un amor tan espiritual y terrenal a la vez que me impactó profundamente.

Nuestra adorada Celia falleció primero y Pedro quedó sumido en la más profunda desesperación. Creo que el famoso trompetista y director musical nunca aprendió a vivir sin ella, sin su Celia. ¿Aprendería yo a vivir sin Elín?

Ahora, tendría que ver si de veras yo podría «aprender a vivir», como decía la letra de la canción que yo misma escribí años atrás inspirada en Milly Quezada, la reina del merengue, cuando falleció su esposo:

Siempre me decías la vida es muy corta... aprende a vivir...
Y como tú querías viviendo la vida con fe y alegría,
Amando de nuevo así vivo hoy...

Amar de la manera que amé a Elín no creía que volviera a pasar, pero el resto de las promesas que un día escribí en esa canción las tenía que cumplir. Tendría que aprender a vivir, con fe y alegría. ¡Y qué mejor lugar que un escenario para cumplir esta promesa! Sólo que esta vez se trataría de un escenario cargado de recuerdos, porque lo iba a compartir con alguien del pasado.

Era hora de aclarar malentendidos, terminar con morbos y ponerle punto y final a una leyenda urbana que nació tres décadas atrás precisamente en torno a Elín. Por su culpa empezó este chisme y por él lo íbamos a terminar, entre las dos y de la mejor manera que sabíamos: ¡cantando y bailando!

¡Ay, Virgen de la Altagracia, don Elín Ortiz ponía a trabajar juntas a su viuda y a su ex desde el más allá!

39

NI TAN MALAS

—Si quieres trabajar, aquí tienes un *casting* para la película *Broche de Oro* —me llamó Joe en cuanto supo que volvía a la acción.

—¿Un *casting*? ¡Si yo en mi vida he hecho *casting* para nada! —me quejé, pero sabiendo que lo iba a hacer.

No me quedaba más remedio. Si quería seguir en el juego, iba a tener que aceptar las constantemente cambiantes reglas. Hoy, hasta Angelina Jolie tiene que audicionar o, por lo menos, eso me cuentan. Mi hermana Mari Pili fue quien me preparó para esa audición y la gané. ¡Me dieron el papel! De una manera extraña sentí que don Elín no se había ido de mi lado y que me seguía guiando y aconsejando desde allá donde estuviera.

Tras la película, el teatro llamó a mi puerta. Mi querida amiga Giselle Blondet me ofreció ser parte de un proyecto muy peculiar.

—Se llamará *Malas* —me dijo— y compartirás escenario con Maripily Rivera, Luz García, Zuleyka Rivera, Yolandita Monge, Iris Chacón y conmigo.

¿Con Maripily, Giselle, Luz y Zuleyka? ¡Fantástico! A todas las conocía y con todas me llevaba bien. ¿Con Yolandita? ¡Genial! Podría pasar tiempo con mi hermana del alma. ¿Con Iris? Hmm, esto era una clara señal del destino. El teatro era la verdadera pasión de Elín y, en honor a él, haríamos que la música y los aplausos sonaran.

Me encontré con todas mis compañeras el primer día de ensayos para la obra en San Juan. Con Iris en concreto, no nos veíamos desde la vez que vino como invitada a *Escándalo TV* y Felipe y yo la entrevistamos. En esa presentación yo le hice coros a uno de sus *hits* clásicos y nos reímos a muerte. ¡Los *ratings* se subieron hasta las nubes! En ese encuentro no hablamos mucho a solas. Lo justo. Creo que las dos seguíamos con ese absurdo temor al qué dirán en los titulares si nos veían juntas. Ahora, las cosas habían cambiado para ambas: yo viuda, ella enfrentando sus propias situaciones en su casa.

—No doy crédito —me dijo con calidez— que nuestra rivalidad continúe tan presente en la mente de la gente.

—Yo tampoco, pero si una vez de esto hicimos una novela, hoy podemos hacer algo más divertido —le afirmé, dispuesta a que se subiera el telón y a gozar como nunca.

Iniciamos los ensayos en San Juan y ahí las siete divas tuvimos tiempo de convivir con nuestros camerinos pegados. Fue un lujo. De esas largas jornadas de arduo trabajo, de risas y cansancio aprendí que el tiempo no se hizo para perderlo. Porque me di cuenta de que me había perdido muchos buenos momentos junto a Yolandita y las otras compañeras de profesión y que con Iris ya era tarde para ser amigas. Enemigas no éramos, pero ya no podríamos ser amigas íntimas. Tal vez, si hubiéramos empezado a convivir desde más jóvenes hubiéramos logrado romper barreras y acercarnos de veras. Me temo que se nos fue ese tren.

Pero el tren de colegas profesionales nunca se nos escapó. Durante la temporada que duró *Malas* en el Centro de Bellas Artes de la capital boricua, las dos rivales volvimos a demostrar que podíamos trabajar juntas sin problemas, que nos respetábamos y no teníamos rollos personales, aunque ya no pudiéramos ser amigas del alma.

En abril de ese año, 2017, presentamos la obra en Santo Domingo.

—Vamos, Iris, te llevo a comer al mejor restaurante de la ciudad para que la gente nos vea y se queden todos con la boca abierta —la invité al terminar uno de nuestros ensayos.

Juntas, engalanadas y haciendo honor al *glamour* de nuestros mejores años, nos fuimos al restaurante Sofía. Al entrar al elegante local, todo el mundo se quedó mudo. El ruidoso comedor se congeló con un silencio sepulcral. ¡Cómo disfrutamos esos dos segundos de *shock*! Nos los merecíamos después de décadas de falsa enemistad. Competencia sí, como dije anteriormente, pero enemistad no. Porque nunca nos hicimos nada para ser enemigas.

—Vamos a esa mesa para que nos vean mejor —propuse yo muy pícara—. Démosles titulares, ahora de verdad.

Sin quererlo ni planearlo, en ese entorno de miradas curiosas, las dos nos sinceramos. Nos contamos cosas que nunca nos habíamos atrevido a contarnos anteriormente. Hablamos de todo, sin límites, sin reparos tontos. Fue nuestra primera y única noche sin temores en la que dejamos que los recuerdos fluyeran libremente.

—¿Cómo pudiste vivir tantos años junto a Elín con lo despistado que era? —me dijo Iris llevándose la mano a la frente.

—Y lo insistente que era con el trabajo. ¡Cómo le gustaba trabajar, Dios mío! —bromeamos las dos atacadas de la risa.

En esas largas horas salpicadas de deliciosos platillos, postres y copitas de champán, la ex y la viuda compartieron historias con cariño del hombre que siempre las trató a ambas con infinito respeto. En toda la velada no hubo reclamos de una a la otra, porque no había nada que reclamar. No hubo aclaraciones de nada, porque no había nada que aclarar. Sólo recuerdos que compartir.

Al año siguiente, nos llamaría la gran productora puertorriqueña Alexandra Fuentes y repetiríamos la experiencia. Nos propusieron protagonizar juntas otro *show*: *Enchismás*. Esta vez no disfrutamos tanto porque el musical era muy polémico. El personaje de Iris me tenía que insultar y a mí no me gustó. ¡A ella tampoco! Comprendíamos que era comedia y que la historia giraba en torno a nuestra supuesta rivalidad, pero había cosas que no nos agradaban ni entre risas. Para nuestra sorpresa, la obra fue un éxito y estuvimos de gira dos meses enteros. Nos gustara o no, nuestra guerra de humo seguía vendiendo. A estas alturas, creo que nos vamos a tener que resignar a este rol de rivales por el resto de nuestra existencia.

Y entre escenarios, aplausos y viejas rivalidades, iba a tener que hacer un alto en el camino y enfrentar algo más serio que chismes y titulares. Dicen que no hay dos sin tres, y yo iba a tener que decir adiós para siempre a otro ser querido por tercera vez en pocos años. A pesar de que este adiós era ley de vida, yo no estaba preparada para superarlo. ¡Todavía no lo estoy hoy!

40

MAMI, ¿ESTÁS DESPIERTA?

—Solamente trabajas, es todo lo que haces: trabajar, trabajar —me reclamaron mis queridos Samy y Álex en una de sus visitas a San Juan.

—Yo sé, amores, pero si no estoy en el escenario yo me muero. Ustedes no saben lo que es llegar a una casa vacía. Los niños ya están grandes, no viven conmigo.

Mis amigos me entendieron y me abrazaron sin más que reprochar. Bendita la frase de «trabajo es salud». En mi caso, ha sido el trabajo lo que siempre me ha mantenido cuerda. Cuando perdí a mi bebé, cuando no me podía embarazar de nuevo y ahora ante la ausencia de Elín, el trabajo era lo único que me salvaba de una decadencia total. El trabajo y algo más: mi mamá, doña María del Rosario Rodríguez de Goico.

Desde el día que me casé y me fui a vivir con Elín, yo llamaba a mi mami dos veces al día, sábados y domingos incluidos. La primera llamada por la mañana era para contarle lo que tenía planeado y otra en la noche para resumirle cómo salió todo. ¡Los cientos de miles de dólares que me gasté en décadas de llamaditas! Antes, las conferencias a distancia costaban una verdadera fortuna. ¡La cara que ponía Elín cuando llegaba la factura! Afortunadamente para nosotras, inventaron los celulares y todo se simplificó.

En estos incontables años atadas a un teléfono, mi llamada nocturna era mi favorita. Siempre la iniciaba así:

—Mami, ¿estás despierta?

Me encontrara en Miami, Los Ángeles o Nueva York, nunca recordaba qué hora era en Santo Domingo. ¡Ay, qué despistada! Mi mamá, con paciencia y cariño, siempre me respondía:

—Sí, Chary. Aquí son las once pero no me podía dormir esperando tu llamada.

Después del reporte de la hora, nuestra conversación continuaba en el punto exacto en el que la habíamos dejado en la llamada de la mañana. La magia del teléfono para nosotras lo era todo, aunque en los últimos meses la cosa se había complicado. Mi madre, a sus noventa y seis años, ya no escuchaba bien y ahora necesitábamos a una de mis hermanas de intérprete para que le repitiera lo que yo le decía en el aparatico.

A pesar de su edad avanzada, mi madre fue quien más me supo arropar y consolar tras la partida de Elín, junto con mis hermanitas. Durante meses me dejé abrazar por ella para que me consolara como a una niña pequeña. Doña Charito sabía cómo curarme mejor que nadie.

Ahora era su hija mayor la que vestía de negro por dentro. Yo nunca usé el luto más allá del funeral de mi esposo. Sé que Elín no me lo hubiera permitido. Yo soy colores, soy alegría, soy vida y él jamás me habría exigido ir de negro llorando por las esquinas. Yo mejor lloraba sola en casa, cuando me quitaba el *lipstick* rojo y llamaba a mi mamá para ver si estaba despierta.

Recuerdo que 2018 fue un año de muchas giras con las obras

teatrales, y el exceso de trabajo en el que me metí tuvo un precio: pude ver a mi mamá muy poco, sólo en dos ocasiones. ¡Ay cómo me apena! Pero en esos meses *the show must go on* [el show debe continuar] más que nunca; para mí, el *show* debía continuar o me iba a hundir en la más profunda de las tristezas. Cuando recién estrenamos año nuevo en 2019, fui a Santo Domingo e hice una promesa:

—Mami, este año se acabó. Ya no voy a trabajar tanto. Ya estoy mejor de ánimos y voy a venir a visitarte diez veces para compensar lo poco que te vi el año pasado.

Para empezar a cumplir mi promesa, regresé un mes después, a principios de febrero. La encontré feliz, rodeada de mis hermanas, siempre ataviada con sus hermosas batitas especiales y perfumada. Elegante y serena. Yo me disponía a pasar cinco días a su lado cuando me informaron que se adelantó uno de los ensayos de mi nueva obra.

—Mami, me voy sólo veinticuatro horas a San Juan y regreso mañana temprano para quedarme el resto de la semana contigo como te prometí —le dije gritando un poco para que me oyera y me fui al aeropuerto casi con lo puesto.

No me despedí. Fue un «ahora vuelvo», un «hasta luego», un «te veo en un ratito». No sentí ninguna señal en ese último abrazo sencillo aunque ese día ella despertó un poco enfermita. No presentí nada ni vi espíritus ni mensajes escondidos. Simplemente me fui y ella se murió.

A la mañana siguiente, cuando desperté en San Juan para coger el primer vuelo de vuelta a Santo Domingo, fue mi hermana Isabel Laura quien me llamó y me dio la noticia de la única manera que se pueden dar estas terribles noticias: «Mami... mami falleció esta madrugada». Un silencio atroz fue toda mi respuesta.

A las pocas horas estaba frente a su cama. ¡Parecía que dormía plácidamente! Por su rostro yo supe que se fue en paz, dulcemente. Aunque doña Charito estaba perfecta de mente, su cuerpo chiquito y cansado no pudo más. Ella se fue lúcida, con sus cinco sentidos, sabiéndose rodeada de todo el amor de sus hijas. Me pregunto si aprovechó mi breve ausencia para cruzar al otro mundo y evitarme el drama a mí. Ella bien sabía que de las tres hijas soy la más dramática. También me pregunto cuál sería su último pensamiento o su última imagen en su sueño. Mi compañera de vida, mi madre amiga, mi pilar, mi modelo de vida.

Allí, frente a su lecho de muerte, respiré tranquila entremedio del inevitable dolor y agradecí a Dios que no me hubiera enviado ninguna premonición ni ninguna visión, como tampoco me sucedió con Elín. Y le doy gracias a Dios, porque no sé si en esas dos ocasiones lo podría haber resistido.

Por cierto, que el primer texto largo y sentido que recibí ese día para darme el pésame, una vez que la noticia se corrió por los medios, fue de parte de Iris Chacón. Estas cosas tiernas e íntimas no hacen titulares, pero sí que dejan huellas bellas en nuestros corazones.

El día del funeral, mis hermanas y yo tuvimos la difícil tarea de vestir por última vez a esta diminuta mujer que siempre lució impecable y elegante. Entre lágrimas y risas, recordamos cómo unos meses atrás, doña Charito muy coqueta, preguntó a Mari Pili y a Isabel Laura qué traje pensaban elegirle para el día que se muriera.

—¡No me pongan cualquier cosa! —las regañó de antemano.

Mis hermanas sacaron una blusa morada oscura, sobria y recatada del armario y nuestra madre se quejó:

—¿Pero por qué tan fúnebre? Están locas si se creen que así me voy a ir para el otro mundo.

Con la poca energía que le quedaba, se levantó, revisó todos sus conjuntos y ella misma eligió una blusa de alegres colores y corte moderno con una de sus clásicas faldas negras, bonita y ajustadita. ¡Igual que cuando iba a la oficina en sus buenos tiempos de abogada!

Así la vestimos: con esa blusa alegre, perfectamente planchada, con sus detalles, su broche, su perfume de siempre y su labial. Así la llevamos al velorio donde medio Santo Domingo nos esperaba. ¡Me impresionó ver cuánta gente conocía y amaba a mi madre!

Entre cientos de rostros reconocí a muchas personas que formaron parte de mi infancia. Me emocioné al volverlos a ver después de tantos años. Uno de estos seres queridos vino y me dio el abrazo más largo y sanador de mi vida. Nunca me habían abrazado así, con tanta paz. La persona que me rodeó con sus largos brazos y no me dejó ir durante un par de minutos fue Juan Luis Guerra; aunque ese día, era simplemente Juan Luis, el hijo de la mejor amiga de doña Charito. El hijo de la mujer que vivió toda una vida de hermandad y amistad con Charo Rodríguez.

Doña Olga Seijas Herrero había fallecido unos años atrás y mi mami quedó devastada con esta pérdida. Quienes mantienen todavía a sus amigas de la escuela en sus vidas comprenderán el dolor que se siente cuando llega la hora de separarte de tu compañera de pupitre, compañera de estudios y desveladas, de fiestas, bodas y bautizos; de esas hermanas que no son de nacimiento, pero que igualmente se las llega a querer como si lo fueran.

Así se quisieron Olga y Charito. Desde sus paseos por el campus de la universidad de Santo Domingo donde ellas eran las dos únicas mujeres estudiando Leyes en aquellos años donde todavía no soñábamos con la igualdad de géneros. Desde el día de sus bodas y el día en que tuvieron sus primeros bebés o enterraron a sus padres. Y hoy, el hijo de Olga venía a darnos un abrazo a las hijas de Charo. Un abrazo como ningún otro, porque Juan Luis es hombre de fe, de amor a Jesús y a nuestro Padre Dios. ¡Lloro cada vez que recuerdo ese abrazo largo y sereno en medio de tanta gente! El abrazo más místico que jamás he experimentado.

Juan Luis no lo sabe, pero su presencia y ese peculiar abrazo me calmaron y me dieron fuerzas en ese día, porque yo le tengo especial aprehensión a la muerte. Lo heredé de mi mamá. Ella siempre decía que tenía miedo a morir, por eso vivió tantos años. Elín, en cambio, siempre decía que estaba preparado para cuando Dios lo llamara. «Hay que estar listo para morir como lo estoy yo, sin pavor ni terror, simplemente listo para esa llamada de nuestro Creador». Elín nunca le tuvo miedo a nada. Fue hombre valiente ante las peores adversidades y se fue con valor de este mundo. Yo soy todo lo contrario. Confieso que le tengo miedo al adiós como se lo tenía mi madre. ¡Por eso sé que voy a vivir cien años! ¡Voy a acabar con la paciencia de todos hasta que Diosito se canse de llamarme y me arrastre a su lado!

Igual que le temo a la muerte, le temo al olvido. Ésa es la razón por la que me dura tanto el luto interior. Yo soy de las personas que no saben dejar ir a los seres que ama. Las cosas materiales, como expliqué, no me importan mucho y las dejo pasar con facilidad, pero mi gente me duele y esas heridas que dejan con su partida tardan mucho en cerrarse en mi corazón.

A Elín lo lloré cuatro años exactos. Creo que es precisamente cuando los dejas de llorar cuando te permites sentirlos de nuevo. Sólo cuando dejas el drama atrás y te invade la paz, los vuelves a tener cerca. Regresan a tu lado cuando empiezas a recordarlos con serenidad. Sólo entonces vuelven a aparecer en tu día a día y en tu corazón. Lo hacen a través de recuerdos, de bromas, de rezos y meditaciones. En cambio, si los sigues llorando, no te permites sentirlos y es lo que todavía me sucede con mi mamá.

Hasta la fecha, la lloro tres veces al mes. No estoy todavía preparada para «sentirla». Pasan los años y no la deja descansar, todavía no he completado mi ciclo de luto y presiento que esto va para largo. Sé que tarde o temprano tendré que cortar estas lágrimas que derramo, pero todavía no estoy lista para dar ese paso. Yo sigo mirando mi celular junto a mi cama cuando me voy a acostar y, por un segundo, pienso en ella. No sé a quién llamar para contarle mis cosas y preguntarle:

—¿Estás despierta?

¡Porque todavía tengo cosas que contar! Después de lo mucho que he vivido, ganado y perdido se acerca el final de este libro, pero no el final de mi viaje por este mundo. La hija de doña María del Rosario Rodríguez de Goico todavía tiene muchas páginas que llenar. ¡Suficientes para tres libros más!

41

QUE SUBA EL TELÓN

Amanece y despierto con la intensa luz que entra por el balcón. El sol caribeño, que nada tiene de tímido, ya lo ilumina todo, y el mar lanza mil destellos en todas direcciones. Llevo dos meses despertando con este paisaje, el mismo que vi al bajar de aquel barco que me trajo del otro lado del Atlántico. Aquí me vine a refugiar, a mi apartamento de Santo Domingo, cuando estalló esta pandemia que nos puso a todos en jaque. Yo andaba planeando la segunda temporada de mi *show Viuda.com* cuando me dijeron: «Chary, no puedes viajar, no puedes ir a ningún *set* de televisión a promover tu proyecto, no puedes reunirte con productores, ¡no puedes ni siquiera ir a la peluquería!». ¿Cómo? Eso fue lo que más me impactó. ¿Cuánto tiempo estaría yo con pelos de loca?

El mundo ha cambiado. Mi vida ha cambiado. Es la primera vez que estoy sola de verdad. Sola. A mi edad. Nadie me ha visitado, ni siquiera mis hermanas que viven a pocas cuadras. Sólo he visto a mis hijos que vienen y me saludan desde la calle y me dejan cosas en la puerta un par de veces al mes. Álex y Shalim se han confinado en una casa en la playa de Las Terrenas. A ellos también les dio tiempo de volar a nuestra isla para encerrarse acá. Sharinna, en cambio, no pudo salir de Nueva York.

Llevo días escribiendo canciones. He vuelto a escribir con más ganas que nunca. Presento charlas con mi hija a través del bendito y maravilloso Zoom, participo en infinidad de proyectos por internet y mi teléfono no para de sonar.

Lo que más extraño es la voz de mi madre de cuya partida ya se cumplió el año. También extraño mucho el poder abrazar a mis nietos. ¡Porque ya me convirtieron en abuela! Shalim fue papá hace varios años. Su primer hijito, Liam Michel, me dice «abue Chay» y a mí se me cae la baba. Luego llegaron los gemelos, Evan y Nicolás... preciosos, divinos. Los Goico no perdemos la tradición de traer bebés de dos en dos a este mundo. Aunque ahora que lo pienso, la responsable de concebir gemelos es la mujer, así que algo de culpa tendrá también la maravillosa mamá de mis tres nietos, Leslie Ann Machado.

Mi papel de abuela me fascina. Nunca los regaño, les cuento mil cosas y los hago reír con mis payasadas. A pesar del trabajo y la distancia, los disfruto siempre que puedo. Pero ahora, sólo de saber que no puedo subirme a un avión e ir a verlos, me entristezco. ¡Me estoy perdiendo grandes momentos! Crecen tan rápido.

Así, aislada pero muy conectada con el mundo exterior, aprendo a desayunar sola, a limpiar el *toilet* sola, a hacer un poco de ejercicio en la sala sola, a teñirme yo sola el cabello o a tomar decisiones sin tener a nadie pegado a mi lado. Y así pasan la primavera y el verano; este verano dominicano pesado, lento, húmedo, al ritmo de las aspas del ventilador que cuelga del techo. Hay días que siento que me va a dar algo. Yo no estoy acostumbrada a estar inmóvil. Me siento presa, aunque también disfruto de ser dueña de mi tiempo y tener todas las horas del día para meditar y perderme en mis pensamientos.

Y de pronto suena el teléfono: «Chary, que ya se puede volar, que regresas a Univision, que el *show must go on*...». Y yo pienso: «Ni con COVID me puedo estar quieta». Acepto la propuesta. Iré de juez para un nuevo *show*, *Tu Cara Me Suena*. Bueno, nuevo en América, porque creo que en España ya lleva tiempo y es muy popular. Llego a Miami con guantes de plástico, mascarilla, visera, y ese aeropuerto parece un lugar fantasma. En el hotel me esperan las instrucciones por escrito pero no veo a nadie de producción. Me explican por teléfono que los ensayos serán por Zoom y sólo iremos al *set* cuando toque grabar. También me dicen que ese día de la grabación, nada de abrazos entre viejos amigos ni con los participantes. Estoy asustada. Yo no soy una jovencita y el virus sigue campando a sus anchas. Se nos enferman varias persona del equipo. Seguimos grabando, extremando las medidas de seguridad.

—Sharinna, yo ya no aguanto sin verte —le digo a mi hija en cuanto terminamos *Tu Cara Me Suena* con un éxito total.

—Pues vente, ven a Nueva York —me propone mi hija-madre—. Ven y ponte a escribir ese libro que empezaste en el confinamiento.

—Ay, no sé... siento que uno escribe un libro sobre su vida cuando ya lo vivió todo y a mí me falta mucho —le contesto mientras dudo qué rumbo tomar o qué nuevo proyecto emprender.

—Tú ponte a escribir, ma —me anima Shary una vez más—. No vaya a ser que con tanto que te queda por hacer se te olvide lo mucho que ya hiciste.

«Esta niña es igual que su padre, siempre me convence de todo», pienso, recordando mis días junto a Elín.

—OK, empaco y me voy para allá. Pero búscame apartamento en Manhattan, yo no me quedo en tu casa —acepto resignada.

Llego a la gran manzana y le doy el abrazo más largo a mi hija luego de un año y medio sin verla, sin acariciarla, sin tomarla de la mano. ¡Y emprendo una mudanza más! Me doy a la tarea de elegir lámparas, cortinas y una cama cómoda. Ésta es mi casa número... la verdad es que no lo sé porque hace tiempo que perdí la cuenta.

Por las mañanas, salgo a pasear. Todavía hace frío, pero nada comparado con aquel mes de enero en el que vine a grabar *Prohibido amar en Nueva York*. Paso por delante del Hotel Plaza y los recuerdos se agolpan en mi cabeza. Extraño a Elín. Lo extraño siempre no importa donde vaya, porque todo me recuerda a él.

Pero me gusta Nueva York. Es la primera vez que vivo aquí por tanto tiempo. En estas calles me siento muy anónima. Por lo menos hasta que un jovencito divertido me grita: «¡Ey, su cara me suena!». Yo me hecho a reír. Llevo la mascarilla y voy vestida con tenis y un abrigo gris aburrido, nada llamativo. ¿Cómo me reconoció? Ah, es que no llevo mi gorro. Se me olvida que sin sombrero, mi pelo me delata.

A mi edad he empezado una nueva vida en una nueva ciudad. Estoy estudiando inglés, porque nunca es tarde. Y el teléfono que no para de sonar. Tengo que volver a Miami por varias semanas a grabar la segunda temporada de *Tu Cara Me Suena* y de ahí a Punta Cana a participar en una nueva película. ¿Dónde pasaré la Navidad? ¿Y el Año Nuevo? No me preocupa. Nunca me ha preocupado. Donde estén mis hijos, estaré yo.

Si he sobrevivido viajes trasatlánticos, secretos familiares, huracanes, pérdidas de seres queridos, mil mudanzas, los avatares del *show business* y hasta una pandemia, puedo sobrevivir la incertidumbre en la que vivimos en esta nueva era. Nada me puede detener y esto me hace feliz. Porque Dios camina a mi lado, más cerca de mí que nunca en mi vida. Con los años, puedo decir que mi devoción de mis tiempos jóvenes ha evolucionado. Ahora, lo que yo siento por nuestro Padre y Creador es una fe absoluta, sólida y eterna, que me da una paz que no puedo describir con palabras.

Como siempre me decía mi amada Celia Cruz: «Chary, nosotros los artistas nunca nos retiramos. Nos vamos sólo cuando nos enfermamos o Dios nos llama a su lado. Nacemos artistas y morimos artistas. No existe el artista jubilado».

¡Cuánta razón tenía mi gran amiga! Y a mí me quedan muchas vidas que vivir, *shows* que presentar, proyectos que emprender y mudanzas que organizar. Es uno mismo y nadie más que uno mismo quien decide poner punto y seguido o punto y final a su historia. Somos nosotros quienes decidimos pisarle al freno o al acelerador.

Yo siempre digo que el tiempo pasa, pero yo no. Nosotros los seres humanos mientras estemos en pie, con salud, tengamos fe (sobre todo fe), pasión por lo que hacemos y amor por quienes nos rodean, nuestras historias no terminan, no caducan, no pasan a formar parte del pasado y seguimos muy vigentes y presentes.

Por eso yo grito en esta última página: ¡que suba el telón! Porque este libro no acaba aquí. A este libro le quedan capítulos muy buenos por escribirse y espero que se escriban junto a los suyos, mi gente bella, a través de mis *shows*, películas o canciones. Juntos hemos llegado hasta acá y espero de todo corazón que juntos sigamos hacia delante. Igualmente espero, con licencia de Dios Padre, poderles contar mis nuevos capítulos un día.

Mientras tanto, nos vemos en mis redes, nos vemos en la televisión, nos vemos allá donde mis maletas y mis aviones me lleven. Prometo siempre entregarles lo mejor de mí. Lo mejor de esta niña rara.

CARTAS

NADA A MEDIAS
Por Shalim Ortiz

Era el Día de los padres en la academia de San Ignacio y yo estaba en tercer grado. Habían organizado una carrera entre hijos y padres. Yo, acostumbrado a ver a mi madre siempre en tacones y con sus vestidos elegantes, no pensé ni siquiera que fuera a participar. Pero la vi llegar con sus zapatillas deportivas, sus *sweatpants* y su cabello perfecto de peluquería, con su rubio platino imposible de ignorar. «Preparados, listos... ya». Y salimos todos veloces. Para mi sorpresa y la de muchos, mi madre ganó. Con sus largas piernas y sus enormes zancadas, corrió como atleta profesional adelantando a todos los contrincantes. Llegó la primera y le dieron la medalla entre aplausos y abrazos. Yo llegué último y derrotado, pero feliz y en *shock* por ver a mi madre brincando de alegría con su medalla. Se robó el *show*, como siempre hacía, y eso a mí me llenaba de admiración por ella. Me llenaba de orgullo verla brillar, porque yo sabía que se entregaba a fondo en todo lo que hacía.

Mi madre es competitiva por naturaleza, por eso ha logrado

todo lo que ha logrado. Ella juega a ganar en esta vida y eso lo aprendí desde muy niño a su lado.

«Mi hijo, de lo que más te vas a arrepentir en la vida es de hacer las cosas a medias». Recuerdo la primera vez que me dio este consejo que llevo conmigo donde quiera que vaya. «De lo que más te vas a arrepentir es de saber que no hiciste las cosas de corazón, de que no estudiaste, no te preparaste o no trabajaste lo suficiente. No importa si te salió bien o mal lo que tú querías, si te entregaste a medias te vas a arrepentir». Sus palabras no se me borran, porque con Charytín no hay nada a medias. Si se enoja, se enoja de verdad; si ama, ama hasta el final; si te promete que va a llegar, llega; si dice que va a aprender una coreografía, no descansa hasta lograrlo. Nada a medias. Y ese día, en la carrera de mi escuela, me lo demostró.

Tantas enseñanzas a su lado, tantas lecciones de vida. Pero ésta, la de «nada a medias», es la que más presente tengo cada día de mi vida. En mi vida personal y como actor todo lo que hago lo hago con todo lo que tengo, al máximo. Me puede ir bien, me puede ir mal, pero nada me va a hacer desistir de continuar entregando todo lo mejor de mí.

No quiero llegar a un punto en mi vida en el que me arrepienta por no haber hecho lo que debía hacer. No quiero dejar de tener hambre y curiosidad por la vida y por esta carrera que elegí, similar a la de mi madre. Esta carrera en la que ella se pone, hasta el día de hoy, sus tenis y corre más que nadie.

Tampoco quiero dejar de estar en movimiento. Eso también me lo enseñó mamá junto a papá. Soy gitano gracias a su corazón gitano. Mi madre y mi padre me compartieron esa alma nómada que hoy me impulsa a seguir en constante movimiento. Con altas y bajas, por supuesto, como bien es la vida y sobre todo esta carrera. Ambos me enseñaron a amarla y respetarla y a prepararme.

Aunque, si lo pienso profundamente, la lección más bella que aprendí de ellos dos es el amor incondicional que me dieron desde el día que nací. Ése es el legado que quiero pasarles a mis hijos: amor incondicional. Ése tampoco me lo entregaron a medias.

PREGUNTANDO SE LLEGA A ROMA
Por Alexander Elín Goyco

Siempre dicen que el camino es lo que importa. A veces pienso que nosotros tomamos esta frase demasiado al pie de la letra. Desde los primeros recuerdos que tengo contigo en aquel Hotel Normandie en Puerto Rico, que quedó destruido por un huracán mientras estábamos hospedados ahí, Sharinna y yo aceptamos que la vida no iba a ser una constante. Entendimos con poca edad que no es dónde tenemos casa, sino dónde nos sentimos satisfechos juntos. Poco sabíamos que después de esa introducción a la vida nómada, nos íbamos a cambiar de escuela unas doce veces más e íbamos a mudarnos a tantos sitios diferentes que vivir de una maleta se convertiría en la norma. Ésa fue nuestra única realidad por mucho tiempo, al estilo de la Caverna de Platón.

Hoy, mi querida madre, te agradezco lo que en aquel entonces quizás me causó ansiedad. Hoy, con la perspectiva que el tiempo me otorga, te agradezco que tus enseñanzas en esta vida de artista me hayan convertido en una persona impregnable, elástica, y sin mucha necesidad de cosas materiales. Gracias a ti, y a papá, gozo de una vida ligera.

No negaré que fueron duros los años en los cuales deseábamos conexión e identidad con nuestros mismos países y con los demás. Me acuerdo de los viajes semanales entre Tampa y Miami; los viajes entre Puerto Rico, Santo Domingo, Venezuela y tantos otros países; recuerdo el reto que representó aprender inglés a los once años en escuelas diferentes. Me acuerdo cuando se burlaban porque mi acento se había convertido en una mezcla confusa de países distintos. Me acuerdo del día que me dijeron que por tanto mudarme no podía seguir jugando al fútbol o practicando karate, porque tenía que empezar desde cero una y otra vez. Ser el nuevo en una ciudad no siempre es agradable, especialmente a esa edad en la que los amigos y lo que piensen los demás es tan importante.

Pero, con el tiempo y con tu cariño y tu protección, pasó algo curioso. Poco a poco me dejó de importar la necesidad de formar parte de una sola comunidad. ¡Todo lo contrario! Me empezó a gustar lo diferentes que éramos del resto de las familias. Era como darle un *reset* a la vida cada seis meses, como si fuera un divertido y emocionante videojuego. A los seis años, mi hermana gemela y yo ya éramos miembros Platino de American Airlines, de tantas millas de viajes que habíamos acumulado. Nos adaptábamos con la misma facilidad a comer pizza en las calles de Nueva York que a quedarnos sentaditos y bien portados en los restaurantes de Santo Domingo. Bueno, quizás también dormidos en las sillas bajo la mesa.

Una vida poco convencional, de nómadas aventureros. Y aunque nuestro querido padre también tenía mucho de artista nómada, la verdadera gitana, la que siempre decidía que era hora de levar anclas y navegar a nuevo puerto, o emprender el vuelo, eras tú. Pero todos nosotros aceptamos y valoramos lo que por nosotros hiciste.

Los dos juntos, Charytín y don Elín Ortiz, nos enseñaron lo maravillosa y dura que es a la vez esta profesión que todos ven con tanto *glamour*. Nos mostraron lo mucho que ellos tuvieron que sacrificar para ser artistas, para dedicarse al cine, al teatro o a la televisión. El sacrificio de las almas creativas en constante movimiento.

Mientras las demás familias echan raíces, plantan árboles en su jardín y regresan para Navidad a la casa donde crecieron, nosotros regresamos a nuestros recuerdos, donde tenemos hoteles, aeropuertos, cajas y maletas, nuevos vecinos y ¡más de trece escuelas diferentes!

Desde muy niño yo ya supe que esas vidas convencionales no eran para mí tampoco, porque con los sacrificios que nuestros padres nos enseñaron, llegaron una infinidad de aventuras y de experiencias que, dentro de todo, disfrutamos mucho. Situaciones que otras personas jamás vivirán.

Por esos años, se me hacía divertido empacar y desempacar, pero ahora, a mis treinta y un años, me doy cuenta del sacrificio que tú tuviste que hacer, como mamá, como esposa y como mujer. Tú me enseñaste que, para ser artista, vocación que los tres hermanos elegimos libremente continuar, hay que sacrificarse hasta uno mismo.

Hoy, mientras escribo estas líneas, me encuentro viviendo una vida nómada como la que tú me enseñaste. Viajo de Nueva York a Los Ángeles una vez por semana por cuestiones de trabajo y soy feliz. Feliz porque tú me enseñaste que lo duro no es vivir de acá para allá, lo duro es vivir una vida sin propósito, sin pasión.

De hecho, llevo una vida independiente y gitana desde que me fui de casa a los dieciséis. Fuimos niños precoces, los tres nos independizamos temprano para ir a perseguir nuestros sueños. Eso también lo aprendimos de ti y de papá, sin lugar a duda. Especialmente de ti, siempre tan controladora, tan estricta, tan protectora, pero que a la hora de emprender el vuelo, tú misma eras la que nos alentabas a volar alto, por muchos temores que tú misma tuvieras al vernos partir lejos.

Una vez que emprendí mi propio vuelo, me di cuenta de lo rápido que yo podía hacer amigos, de lo sencillo que me resultaba llamar a personas para buscar oportunidades o trabajos. Todo esto gracias a que tú me enseñaste a ser valiente y a luchar por mis objetivos. Tú, igualmente, me enseñaste con tu ejemplo, junto a mi papá, que incluso en la vida más bohemia e itinerante, se puede construir una gran familia de verdad y echar raíces en el aire, algo que algún día espero poder hacer yo también.

Hace un año, casi al final del encierro de esta extraña pandemia, mientras el mundo continuaba medio paralizado y las carreteras todavía lucían vacías y abandonadas, empaqué una maleta amarilla de cien litros, puse mis pocas cosas dentro, la amarré a mi moto con una soga, y me fui a cruzar el país entero, de costa a costa, yo solo. Quería aprovechar este *lockdown* para empezar de cero, una vez más, como tantas veces había empezado de cero junto a ti. Quería volver a sentir la felicidad de sentirme tan libre como tú me enseñaste a ser. Quería volver a probarme que todavía tenía esa habilidad de adaptación a todo que la gran Charytín Goyco me inculcó desde bebé.

Tú me enseñaste a volar ligero, sin pesado lastre o innecesario equipaje, sin nada que me ate. Gracias a ti, mamá, soy como soy. Gracias a ti, mi casa es esa maleta amarilla y no necesito nada más.

Gracias, mamá, gracias papá, por haberme heredado ambos su alma gitana.

MADRE SOLAMENTE HAY UNA... ¿O DOS?

Por Sharinna Allan

Dicen que madre sólo hay una, aunque yo a veces siento que la vida me dio dos. ¡Dos en una! Porque mi madre, María Ortiz, mejor conocida como Charytín, es demasiado compleja y fascinante para encerrarla en una sola personalidad. Como ejemplo de lo que estoy hablando les contaré una de las miles de anécdotas inolvidables que yo viví a su lado.

Un día, mientras íbamos por la carretera de San Juan, Puerto Rico, a mi mamá se le veía una chispa peculiar en los ojos. Mi hermano gemelo Álex y yo estábamos sentados atrás y mi madre estaba al volante. Acababa de recogernos de la escuela. De repente, se empezó a reír sola y, cuando llegó a un semáforo rojo, se volteó como una niña traviesa y nos dijo: «Les tengo un chiste a los dos que se van a morir de la risa».

Mi hermano Álex y yo sabíamos que los chistes de mami eran los mejores. Desde que teníamos uso de razón, nos acordábamos de mi mamá contando uno de sus chistes en todas las fiestas, rodeada de amigos y familiares que lloraban de la risa y hasta alguno se hacía pipí. ¡Es la verdad!

En ese día en el carro, Álex y yo le urgimos que por favor nos contara el chiste. Y ahí fue cuando mi mamá nos dijo: «Ay, el problema es que este chiste es demasiado vulgar y ustedes son muy pequeños. Me temo que tengo que esperar que sean mayores para poder contárselo».

Mientras que otros niños empezaban a soñar sobre cosas como las graduaciones, cumpleaños, poder manejar, poder votar, poder tomar su primer trago y casarse, Álex y yo, la razón por la cual queríamos ser adultos era para que mi mamá nos contara ese chiste que, obviamente, debía de ser muy vulgar.

¡Y ese día llegó! Cuando cumplimos los dieciocho mi mamá nos dijo: «Ya tienen la edad suficiente así que prepárense, porque aquí les va». Y con la picardía que sólo ella tiene, nos contó el tan esperado chiste:

A una tipa de la vida alegre le cuentan que en Francia hay un médico capaz de hacer actos sexuales que nadie conoce. «Déjame llamar», dice muy curiosa la mujer. El doctor le dice que cobra $30.000 por hacerle «eso» que sólo él sabe. «Yo soy una mujer sexual que he tenido muchos hombres, pero este médico debe saber algo que jamás me han hecho, así que pago y voy a Francia». Cuando llega a Francia, le dice muerta de la curiosidad: «Dígame, doctor, ¿qué es lo que usted me va a hacer a mí? Tiene que ser algo increíble porque le he pagado mucho dinero». El francés se la queda mirando y le responde: «Migue, yo lo que le voy a haceg a usted es lo siguiente: le voy a chupag el ombligo». La mujer casi se muere y le reclama, furiosa: «¿Cómo cree? ¿Usted piensa que yo he pagado $30.000 y he venido desde América para que me chupe el ombligo? ¿Usted sabe cuántas veces me han chupado a mí el ombligo?». El doctor, muy serio, le responde: «¿Sí, pego pog dentgo?».

¡Fue uno de los mejores días de mi vida! Todavía recuerdo la carcajada tan intensa de mi hermano y siento el dolor de estómago que me dio a mí de tanto reírme. El chiste, con la gracia con que lo cuenta mi mamá, resultó mejor de lo que imaginamos en nuestras mentes de niños. A veces, cuando deseamos algo en la vida por largo tiempo, una vez que lo conseguimos ya no tiene el mismo sabor. Tanta expectación mata el momento. Pero este chiste valió la pena la espera.

Así de juguetona ha sido siempre mi mamá, y lo sigue siendo.

Una mamá creativa, divertida y arrojada. Y a la vez, y de manera inexplicable, siempre fue y es la madre más conservadora, estricta y tradicional del mundo. Segura de sí misma, con carrera y con nombre propio, pero siempre haciendo gala de esa dualidad tan especial y reinventándose y probando cosas nuevas. Aunque siempre ha sido sumamente seria con muchas reglas y extremadamente religiosa (casi iba a ser monja), se ponía a hablarnos con vocecitas y actuar personajes divertidos frente a la gente, sin pena alguna, para hacernos sentir felices. Gracias a ella, y a mi padre, quien también podía ser a la vez el hombre más serio y más divertido del mundo, nuestro hogar siempre fue muy normal. Mi mamá, como todas las mamás del mundo, nos cocinaba con cariño sus famosos *T-bone steaks* con arroz blanco. Y le hacía a Álex sus sopas de leche que tanto le gustaban. No nos faltaban los horarios de ir a la cama o de estudiar, pero tampoco sabíamos cuándo íbamos a acabar el día jugando por pasillos o *sets* repletos de bailarinas en trajes de lentejuelas, magos con chisteras, elefantes o famosas celebridades en bikini. Y entre todo este revolú, mi madre se las arreglaba para no quitarnos ojo y seguir siendo la mamá policía que siempre fue.

Recuerdo que cuando empezó en *Escándalo TV* y casi no la veíamos, ella se las ingenió para convertirse en «policía telefónica». Si yo le pedía a papi que me dejara ir a la playa con mis amigos, él me decía: «Tienes que llamar a TeleFutura y conseguir que tu madre se ponga al teléfono antes de que inicie su *show* en vivo para que te de permiso». ¡Ay, lo que tuve que hacer para conseguir a mi mamá a esas horas! Y todo para que luego me diera un rotundo no. Y yo me preguntaba cómo ella podía seguir en su rol de madre mientras estaba totalmente metida en su rol de «Charytín la presentadora y la artista». Y si yo hacía algo que la enojaba, juro que yo se lo veía en los ojos durante el *show*. Cada vez que miraba directamente a la cámara, yo sabía que me estaba hablando a mí, y que lo que me esperaba cuando llegara a casa no iba a ser fácil.

¡¿Cómo me explico?! Mi mamá es géminis con ascendente en géminis. Tal vez por eso tiene no dos, sino cuatro personalidades a las cuales ella les ha puesto nombre: Charytín la artista, Miledy la secretaria, Cinthia la asistente y María la religiosa casada con su esposo que nunca sale de casa.

Uno de los primeros recuerdos que tengo de ella es claro y contundente: estaba yo, de muy chiquita, mirándola hacia arriba (porque todavía no le llegaba ni siquiera a las caderas) y exclamé: «Guau, qué mujer tan bella». No podía creer que esa rubia despampanante fuera mi mamá. Parecía como que nos la rentaron para que actuara como nuestra madre. Talentosa. Espectacular. Inteligente. Amorosa. Divertida. Para mí era como si me hubieran comprado la Barbie más grande del mundo para jugar con ella. Curiosamente, con el paso de los años, terminé vistiendo a mi adorada Barbie de carne y hueso como si realmente fuera mi muñeca. Hasta la fecha mi mamá me llama y me pide consejo para que la ayude a elegir sus *outfits* o a combinar sus prendas, bolsos y zapatos. Dudo que exista un momento más íntimo y divertido entre una madre y una hija; las dos perdidas entre armarios, cajas y perchas, inventando juntas la magia del personaje que todos conocen como Charytín. Yo la aconsejo en su vestimenta y ella sigue siendo hasta hoy mi mejor escuela de vida, mi eje de todo lo que es femenino, honesto y bondadoso.

Con los años, conforme fui creciendo, descubrí también que detrás de esta mujer tan despampanante y alegre había una niña triste. ¡Siempre con su misteriosa dualidad! Poco a poco, ella me contó lo que vivió durante su infancia. Una niñez que no fue fácil.

Yo creo que me contó estos terribles secretos de familia para prepararme desde jovencita, para evitar que yo también cayera presa de ese tipo de experiencias de codependencia. Ahora que lo pienso, creo que son la razón por la cual yo he sabido salir de unas cuantas relaciones tóxicas y abusivas durante mi vida de adulta. Como digo, he tenido la mejor maestra de vida.

Mi maestra, mi geminiana con esas dobles cualidades, mi Barbie preciosa y, de otra manera igualmente extraña, mi «hija». Porque es aquí donde mi mamá y yo tenemos una relación interesante y fuera de lo común, como todo lo que ella hace. Desde que yo me convertí en adolescente, nuestra relación madre-hija tiene los roles invertidos. Yo me siento con la obligación de cuidarla como si fuese su madre, y no lo digo con aires de víctima. ¡Al contrario! Fue algo que se dio de manera natural y que siempre supe que por ella, lo haría. Ella agradece que yo le dé consejos, le dedique alguno de mis regaños (que a veces no son muy dulces) o le prepare sus citas y le haga sus llamadas como ella lo hacía por mí cuando yo era una carajita. A la madre le gusta ser hija y a la hija le gusta ser madre. Posiblemente, el médium Martín tuvo razón cuando nos dijo hace muchos años que ella era mi hija en otra vida... ¡y ahora parece mi hija en ésta!

Igual que pienso que mi papá, en esas otras vidas pasadas, pudo ser el gemelo de mi mamá, porque tanta afinidad no es normal entre dos seres. Aunque los dos tuvieron sus peleas como toda pareja, el amor y la confianza que se tenían eran demasiado profundos para ser sólo de esta vida. Recuerdo que a veces me despertaba en medio de la noche y bajaba a la cocina a por un vaso de agua y veía a mis padres tomando vino y hablando sin parar de mil y una cosas. ¡A las tres de la madrugada! Así se pasaban los días y las noches, conversando sus penas, sus ideas, sus logros y sus desacuerdos, pero siempre juntos, como si siempre lo hubieran estado, desde el principio de los tiempos.

Ahhh... mi mamá. ¡Tantas cosas más que quisiera yo contar del ser que me dio la vida! Sé que es imposible explicar quién es Charytín Goyco en cuatro páginas, pero quise intentarlo. Mi mamá no es una mujer fácil. Ella misma lo admite. Es nerviosa, habla muy directo, sin rodeos. Es intensa, impaciente y se dispara como cohete si las cosas no salen como ella quiere. A la vez, es dulce, paciente, generosa, respetuosa, comprensiva, honesta, entregada, sacrificada y fiel. Porque ella ama a las personas, no a las cosas. Ella ama hacer reír y mejorar vidas con su arte. Y voy a decir algo que suena medio loco: mi madre ama a su familia tanto como a su carrera. Esto no significa que nos quiera menos. ¡Todo lo opuesto! Nos quiere más que a nada en el mundo, como quiere a su arte que es para lo que nació: para hacer reír, soñar y disfrutar al público. Como dice en la contraportada de su primer disco, que encontré el otro día entre cajas y recuerdos: «Charytín vive muy enamorada de... ¡todo!».

Su profesión no es un simple trabajo; en el caso de mi madre, es una misión de vida. Por eso, no esperen nunca que ella desaparezca de los escenarios. Porque una misión no termina hasta que nos vamos de este planeta. De hecho, hace poco ayudé a mi mama con una audición para una película y la vi nerviosa y preocupada de que le dieran el papel. Me di cuenta que esta carrera todavía le da mariposas en el estómago. Su misión no acaba aquí, tan solo empieza. No esperen que mi mamá, tan cuerda como aventada, tan dulce como directa, tan terrenal como soñadora, cuelgue los *pumps* o tire la toalla algún día, porque lo mejor de Charytín está todavía por venir.

AGRADECIMIENTOS

Gratitud. ¡No hay palabra más bella! A estas alturas de mi vida, gratitud es todo lo que siento cuando echo mi vista atrás. Inmensa gratitud hacia Dios, a quien debemos agradecer todos nuestros logros, nuestras dichas y alegrías. A Él y sólo a Él agradezco el despertar cada mañana para ver el sol salir una vez más. A Él y sólo a Él le agradezco la fortaleza y el valor y la entereza que he necesitado para empezar y terminar este libro plagado de recuerdos. A Él le debo todo y le agradezco todo lo que tengo y lo que sucede a mi alrededor.

A Él le agradezco también toda la gente bella y maravillosa que me ha puesto en mi camino para hacer posible ser quien soy. ¡Son tantos los seres mágicos que mi Dios Padre ha traído a mi vida! Intentaré mencionar algunos y los que no mencioné que me perdonen. Tal vez no estén en el papel, pero quiero que sepan que los llevo en mi corazón.

Primero, gracias a mi familia:

A Elín, que me enseñó a nunca tirar la toalla y por eso pude terminar este libro que es tan mío como suyo. A mis hijos, Shalim Ortiz, Sharinna Allan y Alexander Elín Goyco. A mis hermanas queridas y sus esposos, Isabel Laura Goico de Prieto y Orlando

Prieto, Mari Pili Goico de Fernández y el Dr. Luis F. Fernández y a sus hijos que adoro. A mi comadre Gloria Lau Rodríguez y su esposo, mi adorado Armando Roblan.

A Fernando Langa y Kim Langa, Samy Suárez y Álex Domínguez, mis hermanos del alma.

Gracias a mis colegas y amigos del alma en este viaje artístico de mi vida:

Gloria Estefan y Emilio Estefan, Yolandita Monge, Juan Luis Guerra, Josema Hernandez, Gilberto Santa Rosa (por devolverme mis recuerdos en fotos). A Peter Cardón, Freddy Ginebra, Alexandra Malagón, Viviana Santisteban, Alexandra Fuentes y Zulema. A Carlos Rubén López, Saika Beltrán y Pedro Germán (mis fans y amigos de siempre). Irma Martínez, Frank Muñoz, Víctor «Vitico» Erarte y Rosa Tapia de Encarnación.

Gracias a Edward Benítez (y a su maravilloso equipo de Harper-Collins), a Joe Bonilla y María García, por brindarme la oportunidad de contar mi historia.

Por último, pero no por ello menos importante: Gracias a ustedes, querido público. Por ustedes existo yo y existe este libro que espero que les haya gustado. Son muchos años los que llevamos juntos a través del teatro, la música, el cine y la televisión. Sin su bendición y sin sus aplausos nada de esto hubiera sido posible. Por ello: gracias de corazón. ¡Ustedes son mi regalo de Dios!